böhlau

GWZO – Leibniz-Institut für Geschichte und Kultur des östlichen Europa

Karol Modzelewski

Gesellschaftspsychologie einer Revolution.

Die *Solidarność* als Massenbewegung, ihre

Niederlage während des Kriegsrechts, und wie

ihr Mythos als Deckmantel für die Transforma-

tionsprozesse in Polen genutzt wurde

Herausgegeben von Christian Lübke und Adamantios Theodor Skordos

OSKAR-HALECKI-VORLESUNG 2014
Jahresvorlesung des GWZO

Böhlau Verlag Wien Köln Weimar

Gedruckt mit Unterstützung des Leibniz-Instituts für Geschichte und Kultur des östlichen Europa e. V. in Leipzig. Diese Maßnahme wird mitfinanziert durch Steuermittel auf der Grundlage des von den Abgeordneten des Sächsischen Landtages beschlossenen Haushaltes

Bibliografische Information der Deutschen Nationalbibliothek:
Die Deutsche Nationalbibliothek verzeichnet diese Publikation in der Deutschen Nationalbibliografie; detaillierte bibliografische Daten sind im Internet über http://dnb.de abrufbar.

Umschlaggestaltung: hawemannundmosch, berlin
Korrektorat: Constanze Lehmann, Berlin
Druck und Bindung: Hubert & Co., Göttingen
Printed in the EU

Vandenhoeck & Ruprecht Verlage | www.vandenhoeck-ruprecht-verlage.com

ISBN 978-3-412-51246-0

Inhalt

Karol Modzelewski (*1937). Der renommierte polnische Historiker und politische Oppositionelle der Zeit der Volksrepublik Polen war Professor für mittelalterliche Geschichte an den Universitäten Breslau und Warschau. Seit den 1960er-Jahren gehörte er der politischen Opposition gegen die herrschende Polnische Vereinigte Arbeiterpartei (PZPR – *Polska Zjednoczona Partia Robotnicza*) an und war für mehrere Jahre inhaftiert. Während der August-Streiks des Jahres 1980 in Polen prägte er den Namen *Solidarność* (Solidarität) für die neue Gewerkschaft und engagierte sich in den 1980er-Jahren politisch und publizistisch für die *Solidarność* selbst und für die Oppositionsbewegung. 1989–1991 war er Mitglied des Polnischen Senats, 2007–2010 Vizepräsident der Polnischen Akademie der Wissenschaften. Zu seinen neuesten Publikationen gehören: *Zajeździmy kobyłę historii. Wyznania poobijanego jeźdźca* (Reiten wir den Gaul Geschichte. Erkenntnisse eines gebeutelten Reiters), Warszawa 2013; *Barbarzyńska Europa*, Warszawa 2004 (deutsch: Das barbarische Europa. Zur sozialen Ordnung von Germanen und Slawen im frühen Mittelalter, Osnabrück 2011); *Dokąd od komunizmu?* Warszawa 1993 (deutsch: Wohin vom Kommunismus aus? Polnische Erfahrungen, Berlin 1996).

Oskar Halecki (1891–1973). Der in Wien gebürtige Pole war einer der führenden Mittelalter- und Neuzeithistoriker im Polen der Zwischenkriegszeit. Auf dem internationalen Historikerkongress 1933 in Warschau prägte er die erste Grundsatzdebatte über das Selbstverständnis der historischen Teildisziplin Osteuropäische Geschichte. 1940 in die Emigration gezwungen, gründete er 1942 in New York das Polish Institute of Arts and Sciences in America. Hier entwickelte Halecki seine geschichtsregionale Konzeption Ostmitteleuropas als eine historische Strukturlandschaft und verfasste seine bis heute wegweisende Gesamtdarstellung *Borderlands of Western Civilization. A History of East Central Europe*, New York 1952 (deutsch: Grenzraum des Abendlandes. Eine Geschichte Ostmitteleuropas, Salzburg 1957) sowie seine grundlegende Studie *The Limits and Divisions of European History*, London–New York 1950 (deutsch: Europa. Grenzen und Gliederung seiner Geschichte, Darmstadt 1957).

Einführung

Christian Lübke*

Der renommierte Ex-Dissident und Chefredakteur der meinungsbildenden, überregionalen liberalen Zeitung *Gazeta Wyborcza* (Wahlzeitung, so benannt anlässlich ihres Ersterscheinens im Zusammenhang mit den ersten demokratischen Wahlen am Ende der kommunistischen Herrschaft im Jahr 1989) Adam Michnik stellte im Jahr 2011 in einem Karol Modzelewski gewidmeten Themenheft der Zeitschrift *Przegląd Historyczny* (Historische Umschau) die verschiedenen Phasen dessen gesellschaftspolitischen Engagements von den frühen 1960er-Jahren bis zur Wende von 1989 vor.[1] Dabei unterstrich er Modzelewskis große Bedeutung für den demokratischen Widerstand gegen das kommunistische Regime in Polen. Modzelewski habe sich, so Michnik, von einem anfänglich kompromisslosen und übermütigen Regimekritiker, der 1964 gemeinsam mit Jacek Kuroń in einem „Offenen Brief an die Polnische Vereinigte Arbeiterpartei"[2] (*Polska Zjednoczona Partia Robotnicza*, PZPR) eine grundlegende Kritik an dem bürokratischen System in Polen übte und deshalb für drei Jahre inhaftiert wurde, bereits Ende der 1960er-Jahre zu einem erfahrenen Dissidenten gewandelt, der jüngere Mitstreiter vor den großen Gefahren der direkten Konfrontation mit der Staatsmacht warnte und ihnen neue Wege der subtileren und effizienteren Kritik an den Missständen in der Volksrepublik Polen aufzeigte. Trotzdem wurde er während der sogenannten März-Ereignisse von 1968 erneut verhaftet und zu weiteren dreieinhalb Jahren Gefängnis verurteilt.

---

* Prof. Dr. Christian Lübke, geb. 1953 in Langenhain (Hessen), Direktor des Leibniz-Instituts für Geschichte und Kultur des östlichen Europa (GWZO) und Professor für Geschichte Ostmitteleuropas an der Universität Leipzig.

1 Michnik, Adam: Od polskiej rewolucji do polskiej gościnności (refleksje nieuporządkowane na temat biografii Karola Modzelewskiego) [Von der polnischen Revolution zur polnischen Gastfreundschaft (unstrukturierte Überlegungen zum Thema einer Biographie Karol Modzelewskis)]. In: Przegląd Historyczny 102/1 (2011), 7–43.

2 Deutsch publiziert unter dem Titel: Kuron, Jacek/Modzelewski, Karol: Monopolsozialismus. Offener Brief an die Mitglieder der Grundorganisation der Polnischen Vereinigten Arbeiterpartei und an die Mitglieder der Hochschulorganisation des Verbandes Sozialistischer Jugend an der Warschauer Universität. Übertragen aus dem Polnischen und mit einem Nachwort versehen von Helmut Wagner, Hamburg 1969.

In den Jahren der Zuspitzung des Konflikts ab 1976 zwischen den Vertretern der herrschenden Macht und ihren demokratischen Widersachern habe er durch sein besonnenes Verhalten und strategisches Denken die Opposition vor Fehlern bewahrt, die verheerende Folgen für den Ausgang des Kampfes gegen die herrschende PZPR hätte haben können. So war es ausgerechnet der für viele noch als politischer Extremist geltende Modzelewski, der am 9. November 1980 bei einer der kritischsten Sitzungen der Landesverständigungskommission – des zentralen Steuerungsorgans der *Solidarność* – vor einer weiteren Eskalation des Konflikts mit der kommunistischen Staatsmacht warnte und für eine Kompromisslösung mit folgenden weitsichtigen Worten eintrat:

> Vergessen wir nicht, dass in diesem Moment in unseren Händen, ohne Übertreibung, das Schicksal Polens liegt, und nicht nur das Schicksal Polens, denn wir haben es vielleicht mit einer Situation in der Nachkriegsgeschichte zu tun, in der ein Gewerkschaftsstatut zur Ursache von Ereignissen europäischer Dimension werden kann.[3]

In all den verschiedenen Phasen von Modzelewskis Engagement für die Demokratisierung Polens sei – so Adam Michnik – dessen Sensibilität für soziale Gerechtigkeit stets groß gewesen und habe das Leitmotiv seines Denkens und Handelns gebildet. Auch in den Jahren der demokratischen Transition blieb Modzelewski den Prämissen seines gesellschaftspolitischen Engagements treu, so etwa als er sich gegen die neoliberale Wirtschaftspolitik Leszek Balcerowiczs und seiner früheren Mitstreiter in der *Solidarność* aufbäumte und die Position einnahm, dass diese Politik die „gesellschaftliche Basis in die Armut zu stoßen" drohe.[4] Dimensionen und Aspekte der facettenreichen gesellschaftspolitischen Tätigkeit eines der prominentesten Oppositionellen im kommunistischen Polen und profiliertesten Vorkämpfer der *Solidarność* bilden einen Bestandteil der hier abgedruckten Oskar-Halecki-Vorlesung des GWZO im Jahr 2014 sowie des einführenden Vorworts von Wolfang Templin, des bekannten Bürgerrechtlers der DDR, der in den Jahren 1976/77 in Warschau studierte und seitdem im Kontakt mit der polnischen Oppositionsbewegung stand.

---

3   Friszke, Andrzej: Karol Modzelewski – na lewo od centrum [Karol Modzelewski – links vom Zentrum]. In: Rodem z Solidarności. Sylwetki twórców NSZZ ‚Solidarność'. Hg. v. Bogusław Kopka und Ryszard Żelichowski. Warszawa 1997, 197–202, hier 185. Das Zitat wurde entnommen Mühle, Eduard: Der Mediävist und politische Zeitgenosse Karol Modzelewski. In: Karol Modzelewski: Das barbarische Europa: zur sozialen Ordnung von Germanen und Slawen im frühen Mittelalter. Aus dem Polnischen von Heidemarie Petersen. Mit einer Einführung von Eduard Mühle. Osnabrück 2011, 7–24, hier 20.

4   Friszke, Karol Modzelewski, 14 f., zitiert nach Mühle, Der Mediävist, 22.

Aber Karol Modzelewski genießt nicht nur als politischer Intellektueller großes Ansehen, sondern auch als international anerkannter Wissenschaftler, der einen prägenden Einfluss auf die polnische und ostmitteleuropäische Mediävistik hatte. Schwerpunkte seiner frühen wissenschaftlichen Tätigkeit in den späten 1950er- und beginnenden 1960er-Jahren waren die wirtschaftliche und gesellschaftliche Organisation des mittelalterlichen Polen in der Zeit der Piastendynastie sowie das mittelalterliche Italien, insbesondere der klösterliche Grundbesitz in der venezianischen Umgebung. Aus der Beschäftigung Modzelewskis mit dem ersten Forschungsschwerpunkt entstanden wichtige Arbeiten zur Dienstorganisation im frühmittelalterlichen Polen, darunter auch seine Dissertation, die unter der Heranziehung von Studien „nichtorthodoxer, revisionistischer Marxisten" (z. B. Witold Kula, Stanisław Ossowski) „mit der bis dahin verbindlichen Kategorie der ‚feudalen Formation' brach" und „die dogmatische Anwendung des Feudalismus-Theorems auf das polnische Mittelalter in Frage stellte".[5] Die politisch bedingten Unterbrechungen seiner wissenschaftlichen Arbeit als Mediävist – auch in Form der besagten mehrjährigen Haftstrafen – ließen den Promotionsabschluss Modzelewskis an der Universität Warschau zum „System der Dienstsiedlungen in der Wirtschaftsorganisation des piastischen Staates" *(System osad służebnych w gospordarczej organizacji państwa piastowskiego)* erst 1974 zu. Mit seinem 1975 erschienenen Buch zur „Wirtschaftsorganisation des piastischen Staates im 10.–13. Jahrhundert" *(Organizacja gospodarcza państwa piastowskiego X–XIII wiek, Wrocław u. a.)*[6] trug Modzelewski dann zur Durchsetzung der These von der Existenz eines gleichmäßig funktionierenden „Fürstenrechts" *(ius ducale)* seit der Zeit der Festigung der Fürstenherrschaft in Polen und von der flächendeckenden Präsenz einer Dienstorganisation entscheidend bei.[7] Seitdem gehört er zu den wichtigsten und entschiedensten Verfechtern der Theorie vom „Fürstenrecht" mit zahlreichen Beiträgen zu diesem Konzept.[8] Bis heute sind seine Ansichten zum *ius ducale* und zur Dienstorganisation Gegenstand kontroverser, zugleich aber er-

---

5   Mühle, Der Mediävist (wie Anm. 3), 21; ein frühes Zeugnis von Modzelewskis Studien zum mittelalterlichen Polen ist: Karol Modzelewski: La division autarchique du travail à l'échelle d'un État: l'organisation „ministériale" en Pologne médiévale. In: Annales. Économies, Sociétés, Civilisations 19/6 (1964), 1125–1138.

6   Neuauflage Poznań 2000.

7   Zu diesem Thema veranstaltete das Deutsche Historische Institut (DHI) in Warschau im Jahr 2011 sein 5. Joachim-Lelewel-Gespräch. Siehe dazu: Mühle, Eduard: Gab es das „Dienstsystem" im mittelalterlichen Polen – oder was war das *ius ducale?*, *http://www.perspectivia.net/publikationen/lelewel-gespraeche/4-2011/muehle_einfuehrung* (letzter Zugriff: 17.05.2018).

8   Modzelewski, Karol: The System of the Ius Ducale and the Idea of Feudalism

kenntnisfördernder Debatten, die Modzelewski mit profilierten Kollegen seiner Zunft, wie etwa Sławomir Gawlas, führt.[9] Zudem regte seine Forschung zur polnischen Dienstorganisation Untersuchungen über das Vorhandensein eines ähnlichen Systems im mittelalterlichen Ostmitteleuropa, nämlich in den Herrschaftsgebieten der regierenden Fürstendynastien der Piasten in Polen, der Přemysliden in Böhmen und der Árpáden in Ungarn weiter an.[10]

(Comments on the Earliest Class Society in Medieval Poland). In: Quaestiones Medii Aevi 1 (1977), 7–99; ders.: Le système des villages des „ministeriales" dans l'organisation économique de l'État polonaise aux Xe–XIIIe siècles. In: Fasciculi Historici 9 (1977), 21–28; ders.: Między prawem książęcym a władztwem gruntowym [Zwischen Fürstenrecht und Grundherrschaft]. In: Przegląd Historyczny 71 (1980), 209–234, 449–480; ders.: Jurysdykcja kasztelańska i pobór danin prawa książęcego w świetle dokumentów XIII w. [Die Kastellaneigerichtsbarkeit und die Abgabenerhebung des Fürstenrechts im Licht der Urkunden des 13. Jh.]. In: Kwartalnik Historyczny 87 (1980), 149–173; ders.: Organizacja grodowa u progu epoki lokacji [Die Burgorganisation an der Schwelle zur Lokation]. In: Kwartalnik Historii Kultury Materialniej 28 (1980), 329–340; ders.: Spór o gospodarcze funkcje organizacji grodowej. Najstarsze źródła i metody [Der Streit über die wirtschaftliche Funktion der Burgorganisation. Zu den ältesten Quellen und Methoden]. In: Kwartalnik Historii Kultury Materialniej 28 (1980), 87–101; ders.: Le système de „ius ducale" en Pologne et le concept de féodalisme. In: Annales Économies Sociétés Civilisations 37 (1982), 164–185; ders.: L'organizzazione dello stato polacco nei secoli X–XIII. La società e le strutture del potere. In: Settimane di studio del Centro Italiano di Studi sull'Alto Medioevo 30 (1983), 557–596; ders.: Chłopi w monarchii wczesnopiastoskiej [Die Bauern in der frühpiastischen Monarchie], Wrocław 1987. Die hier genannten Publikationen sind zitiert nach Mühle, Der Mediävist (wie Anm. 3).

9   Vgl. Mühle, Dienstsystem (wie Anm. 7), o. S.; Gawlas, Sławomir: Chłopi w Polsce piastowskiej przed kolonizacją na prawie niemieckim jako problem historiograficzny [Die Bauern im piastischen Polen vor der Kolonisation zu deutschem Recht als historiographisches Problem]. In: Roczniki Historyczne LXXVIII (2012), 7–50; englische Fassung: Peasants in Piast Poland Prior to Settlement with German Law as a Historiographical Problem. In: Historical Annals LXXVIII (2012), 1–45, *http://www.ptpn.poznan.pl/Wydawnictwo/czasopisma/rocz-hist/Gawlas_S.pdf* (letzter Zugriff: 17.05.2018).

10   Vgl. ausführlicher dazu Lübke, Christian: Statement zur Diskussion. In: Gab es das „Dienstsystem" im mittelalterlichen Polen, *http://www.perspectivia.net/publikationen/lelewel-gespraeche/4-2011/luebke_statement* (letzter Zugriff: 17.05.2018). Weiteres zur Dienstorganisation mit einem Überblick über die ostmitteleuropäische Dimension: Lübke, Christian: Arbeit und Wirtschaft im östlichen Mitteleuropa. Die Spezialisierung menschlicher Tätigkeit im Spiegel der hochmittelalterlichen Toponymie in den Herrschaftsgebieten von Plasten, Přemysliden und Árpáden (Glossar zur frühmittelalterlichen Geschichte im östlichen Europa, Beiheft 7), Stuttgart 1991; außerdem: ders.: Die Toponymie als Zeugnis historischer Strukturen in Herr-

Auch seine 2004 unter dem provokanten Titel „Das barbarische Europa"
(*Barbarzyńska Europa*) erschienene und ins Deutsche, Französische, Italieni-
sche und Litauische übersetzte Studie erregte großes Aufsehen.[11] Darin richtet
Modzelewski seinen Blick auf die Gebiete jenseits des Limes, indem er sich insbesondere mit der Sozialordnung von Germanen und Slawen im frühen Mittelalter beschäftigt. Auf der Basis unterschiedlicher Quellen kann er einzelne
Aspekte eines institutionalisierten Lebens dieser „barbarischen" Volksstämme
sowie einen auf gemeinsame Strukturmerkmale basierenden spezifischen zivi-
lisatorischen Charakter des *barbaricum* – also des an das römische Imperium
angrenzenden Raumes in Mittel- und Nordeuropa – herausarbeiten. Indem
Modzelewski zahlreiche Zusammenhänge, intensive Wechselwirkungen und
Verflechtungsprozesse zwischen der hellenisch-römisch geprägten mediter-
ranen Welt und den Völkern des *barbaricum* aufzeigt, leistet er einen wichtigen
Beitrag zur Integration des östlichen Mitteleuropa in die frühmittelalterliche
Geschichte Europas.

Mit dieser bahnbrechenden Untersuchung verfolgte Karol Modzelewski
neben dem wissenschaftlichen auch ein aktuelles geschichtspolitisches Ziel.
2004, als die Studie erstmals in polnischer Sprache erschien, war das Jahr
des Eintritts Polens und sieben weiterer ostmitteleuropäischer Staaten in die
EU (Ungarn, Tschechien, Slowakei, Slowenien, Litauen, Lettland, Estland). Modzelewski gelang es, in seiner Arbeit eindrucksvoll zu zeigen, dass der erfolgrei-
che Annäherungsprozess zwischen den alten und neuen EU-Mitgliedsstaaten,
dem westlichen und dem östlichen Teil des Kontinents nicht nur auf einer politischen, ökonomischen und rechtlichen Grundlage, sondern auch auf gemeinsamen historischen Wurzeln fußt, die bis in das Frühmittelalter zurückreichen.

Für das Leipziger GWZO, das die Geschichte und Kultur des östlichen Europa vom frühen Mittelalter bis zur Gegenwart aus einer vergleichenden Perspektive im gesamteuropäischen Kontext und unter Berücksichtigung transregi-
onaler und globaler Verflechtungsprozesse untersucht, war es ein Ereignis der

---

    schaft, Siedlung und Wirtschaft. Tätigkeitsbezeichnete Ortsnamen und das Mo-
dell der Dienstorganisation. In: Zentrum und Peripherie in der Germania Slavica.
Beiträge zu Ehren von Winfried Schich. Hg. v. Doris Bulach und Matthias Hardt.
Stuttgart 2009, 203–213.

11 Modzelewski, Karol: Barbarzyńska Europa [Das barbarische Europa], Warszawa
2004; ders.: Das barbarische Europa (wie Anm. 3); Rezensionen dazu z. B. von Felix
Biermann. In: Das Mittelalter 17/2 (2012), 162–163; Julia Dücker. In: Zeitschrift für
Ostmitteleuropaforschung 62 (2013), 344–346; Adelheid Krah. In: Zeitschrift für
bayerische Landesgeschichte, *https://www.kbl.badw-muenchen.de/zblg-online/re-
zension_2207.pdf* (letzter Zugriff: 17.05.2018); englische Fassung von Modzelewskis
Buch: Barbarian Europe. Hg. v. Elena Rozbicka. Frankfurt/M. 2015.

12

besonderen Art, dass es Professor Karol Modzelewski war, der 2014, im 25. Jubiläumsjahr der 1989 in Ostmitteleuropa eingeleiteten politischen Wende, die Oskar-Halecki-Jahresvorlesung über die historische Rolle der *Solidarność* hielt. Die Veröffentlichung dieser Vorlesung erscheint als Band 12 der GWZO-Reihe „Oskar-Halecki-Vorlesung". Sie ist die erste Publikation in dieser Reihe, die im Böhlau-Verlag nicht nur als Printausgabe, sondern auch als Open-Access-Titel verlegt wird. Im Zuge einer öffentlichkeitswirksameren Neuorientierung der Institutsarbeit als Folge der 2017 erfolgten Aufnahme des GWZO in die Leibniz-Gemeinschaft erscheinen seit Kurzem die Publikationen aller vier GWZO-Reihen[12] sowohl in der „klassischen" Form des gedruckten Buches wie auch als frei zugängliche elektronische Dateien über die Webseite des Böhlau-Verlags. Dadurch wird auch zwei weiteren Leitzielen des GWZO, nämlich dem Transfer der Forschungsergebnisse in die Untersuchungsregion und der Verstärkung der Kooperationsbeziehungen des Instituts mit ostmitteleuropäischen Forschungseinrichtungen, Rechnung getragen.

---

12 Neben der Reihe „Oskar-Halecki-Vorlesungen" verfügt das GWZO über drei weitere hauseigene Reihen, die im Böhlau-Verlag erscheinen: „Forschungen zur Geschichte und Kultur des östlichen Mitteleuropa", „Studia Jagellonica Lipsiensia" und „Visuelle Geschichtskultur". Überdies erscheint bei Böhlau die aus einem langjährigen GWZO-Forschungsschwerpunkt hervorgegangene Buchreihe „Armenier im östlichen Europa – Armenians in Eastern Europe".

Vorwort zur Oskar-Halecki-Vorlesung von Karol Modzelewski am 21. Oktober 2014

Wolfgang Templin[1]

Über der Vorbereitung dieser Veranstaltung muss ein besonderer Geist ge-
waltet haben. Wir sind im Jubiläumsjahr der friedlichen Revolution von 1989,
dem Revolutionsmonat Oktober und befinden uns in der Revolutionsstadt Leipzig. Damit verbunden ist die großartige Gelegenheit, Karol Modzelewski, eine
lebende Legende der Geschichte zur Mythologisierung und Demythologisie-
rung einer Revolution, sprechen zu hören.

Und dann der Rahmen der heutigen Veranstaltung. Oskar Halecki, der be-
rühmte polnische Mittelalter- und Neuzeithistoriker, der durch die deutsche
Okkupation Polens 1939 ins amerikanische Exil gezwungen wurde. Haleckis
Arbeiten zu den Grenzräumen des Abendlandes hatten starken Einfluss auf

---

1   Wolfgang Templin, geb. 1948 in Jena, ist Philosoph und Publizist. In der DDR war
     er als Bürgerrechtler und Mitbegründer der Initiative für Frieden und Menschen-
     rechte aktiv. Von 1970 bis 1974 absolvierte er ein Studium der Philosophie an der
     Humboldt-Universität in Ostberlin, seit 1970 war er Mitglied der Sozialistischen
     Einheitspartei Deutschlands (SED). Während eines Aufbaustudiums in Polen (1976–
     1977) knüpfte er erste Kontakte zur polnischen Opposition. Nach dem Austritt aus
     der SED 1983 wurde ihm ein Berufsverbot als Philosoph und Bibliothekar auferlegt.
     1988 folgten die Verhaftung wegen landesverräterischer Agententätigkeit und die
     erzwungene Ausreise mit Familie in die BRD. Seit 1996 geht er einer freiberuflichen
     Tätigkeit als Publizist und in der politischen Erwachsenbildung nach. Von 2010
     bis 2013 leitete Templin das Büro der Heinrich-Böll-Stiftung in Warschau. Seine
     Arbeitsschwerpunkte sind Fragen des deutsch-deutschen Vereinigungsprozes-
     ses und der Entwicklungen im östlichen Teil Europas, insbesondere in Polen und
     der Ukraine. Er hat mehrere Bücher zu diesen Themen publiziert (u. a. Dreizack
     und Roter Stern. Geschichtspolitik und historisches Gedächtnis in der Ukraine,
     Berlin 2015, zus. mit Christiane Schubert). 2008 wurde Wolfgang Templin in der
     Botschaft der Republik Polen das Kavalierkreuz des Verdienstordens der Republik
     Polen verliehen. 2010 erhielt er mit 9 weiteren deutschen Bürgerrechtlerinnen und
     Bürgerrechtlern die Dankesmedaille des Europäischen Zentrums der Solidarität
     für ihre Unterstützung der Solidarność in den 1980er-Jahren.

den Kreis um die Pariser *Kultura*, auf Jerzy Giedroyc und seine Mitstreiter. Hier konnte auch Karol Modzelewski – selbst Mittelalterhistoriker – anknüpfen und wichtige eigene Akzente setzen.

Als ich die Anfrage und Einladung bekam, hier an diesem Ort und in diesem Moment Karol Modzelewski einzuleiten und vorzustellen, konnte ich nicht anders als sofort ja zu sagen.

Karol Modzelewski wurde für die Intensität und die literarische Qualität seiner Autobiographie mit der *Nike*, dem wichtigsten polnischen Literaturpreis ausgezeichnet. Anlässlich der Preisverleihung schrieb Seweryn Blumsztajn, einer seiner oppositionellen Weggefährten: „Der Lebenslauf Karol Modzelewskis muss jedem wahren polnischen Patrioten Kopfschmerzen bereiten. Nicht nur weil er Kommunist war und auf konsequent linken Positionen geblieben ist. Es fängt bei Ort und Zeit der Geburt an, beginnt beim Elternhaus."[2]

Karol Modzelewski wurde 1937 in Moskau geboren, in der Zeit des Höhepunkts der Stalin'schen Säuberungen. Seine Mutter war eine russische Intellektuelle, den Vater lernte er nie kennen, wahrscheinlich verschwand er im Gulag. Ihn erzogen die Mutter und sein Stiefvater Zygmunt Modzelewski, ein polnischer Kommunist in der Emigration, mit dem die Mutter seit 1939 zusammenlebte und nach dem Krieg nach Polen zurückkehrte.

Als rund zehn Jahre später in Jena/Thüringen Geborener, sah ich mich als Kind und Heranwachsender in einer Situation, die in anderer Weise biographische Brüche aufwies. Meine Mutter verliebte sich in den Jahren des Hochstalinismus, in denen ein striktes Fraternisierungsverbot zwischen den Angehörigen der Besatzungsarmee und der Zivilbevölkerung galt, in einen jungen Offizier der Roten Armee. Als Kind einer verbotenen Liebe konnte ich meinen Vater nie kennenlernen und musste mit einer solchen Abkunft jedem ordentlichen Deutschen Kopfschmerzen bereiten oder ihn mindestens mit dem Kopf schütteln lassen. Das Wort „Russenkind" barg in der DDR alles andere als Anerkennung.

Karol Modzelewski wuchs in den Aufbaujahren Volkspolens mit den Idealen des Kommunismus auf und musste später seine eigenen Erfahrungen machen. Der Beginn des polnischen Tauwetters und der Herbst 1956 sahen ihn bereits auf der Seite der Reformkräfte und der streikenden Arbeiter. Er begleitete die Entwicklung der polnischen Revisionisten, ihre Hoffnungen, Enttäuschungen und die Konfrontation mit der immer stärker restaurativen Staatsmacht unter Władysław Gomułka.

2　Blumsztajn, Seweryn: Nike 2014 dla Karola Modzelewskiego! [Nike 2014 für Karol Modzelewski!], wyborcza.pl., 05.10.2014, *http://wyborcza.pl/1,75410,16755373,Nike_2014_dla_Karola_Modzelewskiego.html* (letzter Zugriff: 28.05.2018).

Im Jahre 1965 wurde er gemeinsam mit seinem langjährigen Freund Jacek Kuroń zum Verfasser des „Offenen Briefes an die Mitglieder der Polnischen Vereinigten Arbeiterpartei". Eine marxistische Kritik des realsozialistischen Systems mit der Forderung und Konsequenz, die unfähige bürokratische Klasse zu entmachten und zu den wahren Wurzeln des Sozialismus zurückzukehren. Verhaftung und eine mehrjährige Gefängnisstrafe waren die Folgen dieser Kritik. Der Text gelangte in den Westen und wurde auch ins Deutsche übersetzt.

Diese Arbeit führte in den frühen 1970er-Jahren zu meiner ersten Begegnung mit Karol Modzelewski, die noch keine persönliche sein konnte. Wir waren als Studenten und Absolventen der marxistischen Philosophie an der Ostberliner Humboldt-Universität für den ideologischen Dienst an der Partei ausersehen. Zweifel und Kritik führten uns immer stärker zu verbotener Literatur, die wir uns auf Umwegen besorgten. Mit der linken „trotzkistischen" Kritik am bürokratisch erstarrten Sozialismus, wie wir sie im offenen Brief vorfanden, konnten wir uns solidarisieren, darin eine Alternative erblicken. Eine Wegmarke war gestellt.

Karol Modzelewski wählte nach der Haft und weiteren Konflikten seinen weiteren Weg als Mittelalterhistoriker. Wer heute nach den Grundlagen der Nationenbildung im östlichen Europa fragt, wird auf seine Arbeiten stoßen.

Die Politik und zur Veränderung drängende Energie ließen ihn aber auch als Akademiker und Hochschullehrer nicht los. Im Herbst 1976, für ein akademisches Jahr an die Warschauer Universität gekommen, saß ich in einem Wohnheim für Aspiranten über den ersten Bulletins des gerade begründeten Komitees zur Verteidigung der Arbeiter (*Komitet Obrony Robotników*, KOR) und hatte auch den kurze Zeit zuvor entstandenen offenen Brief Karol Modzelewskis an Edward Gierek vor mir.

Für die Entwicklung der *Solidarność* spielte Karol Modzelewski eine entscheidende Rolle, nicht nur als Namensgeber der Bewegung. Als politischer Aktivist und Intellektueller stellte er sich der Frage nach der Perspektive und den Zielen einer Massenbewegung, welche in ihren Konsequenzen nach der Überwindung des kommunistischen Systems mit friedlichen Mitteln strebte, wobei sie sich ihrer Grenzen und der erforderlichen Kompromisse bewusst war.

Uns in der DDR erreichte die historische Wucht der *Solidarność*-Bewegung mit großer Verzögerung. Es sollte fast zehn Jahre dauern, bis der Funke wirklich übersprang. Mein Freund Roland Jahn hat recht mit seinen Worten, dass im Oktober 1989 auf dem Leipziger Ring die *Solidarność* mitmarschierte.

Karol Modzelewski trug die Höhen und Tiefen des Kampfes mit, der zur friedlichen Revolution und zum Kompromiss des Polnischen Runden Tisches führte. Er wurde in den 1990er-Jahren, die ihn erneut als Historiker und Wissenschaftler sahen, zugleich zum sozialen Gewissen der *Solidarność*. Er wollte sich nicht mit der proklamierten Alternativlosigkeit einer neoliberalen Schocktherapie abfinden und plädierte für einen anderen Reformweg. Seine auch in Deutschland vorliegende Arbeit „Wohin vom Kommunismus aus?" stellt bis heute gültige Fragen. Wie sein alter Freund Jacek Kuroń stellte Karol Modzelewski die Frage nach dem Verhältnis von Freiheit und sozialer Gerechtigkeit. Das letzte Kapitel seiner Autobiographie trägt den Titel „Freiheit ohne Brüderlichkeit".

Mehrere Jahre, die ich jetzt in Warschau verbrachte, zeigten mir, wie tief bei allen Erfolgen des polnischen Reformweges die soziale Kluft zwischen den Gewinnern und den Verlierern in diesem Prozess wurde. Zu den sozialen Verlierern zählen mittlerweile auch zahlreiche gut ausgebildete und motivierte jüngere Polinnen und Polen. Blindheit dafür und die Arroganz der Gewinner können die Demokratie bedrohen.

Karol Modzelewskis Fragen und Interventionen sollten uns auch hier in Deutschland erreichen. Wenn bereits die Deutsche Bank die Folgen der sozialen Spaltung beklagt, ist es höchste Zeit dafür.

In seiner Autobiographie sieht sich Karol Modzelewski als gebeutelter Reiter auf dem Ross der Revolution. Kritik ohne Rechthaberei, das Eingeständnis eigener Fehler und die Würdigung der Leistung von Weggefährten, die heute seine politischen Gegner sind, zeichnen seine Lebensbilanz aus.

Gesellschaftspsychologie einer Revolution. Die *Solidarność* als Massenbewegung, ihre Niederlage während des Kriegsrechts, und wie ihr Mythos als Deckmantel für die Transformationsprozesse in Polen genutzt wurde

Karol Modzelewski

Wenn man eine Revolution beschreiben möchte, lässt sich das nicht mit den leblosen Fachtermini der Politologen tun, denn diese gehen an der gesellschaftspsychologischen Dimension des Problems völlig vorbei. Im Gegenteil, eine Revolution ist auch, und wohl vor allem, die gemeinsame Geisteshaltung einer großen Menschenmasse. Eine solche Geisteshaltung erwächst aus dem Alltag, an den man sich seit langem gewöhnt hat, aber sie lehnt sich gegen diese Gewöhnung auf, sie ist ein Akt der Selbstbefreiung.

Die kommunistische Diktatur war nicht allein auf Terror gegründet. Sie rief Angst hervor, doch diese war nicht der einzige und auch nicht der wichtigste Grund für die Unterwürfigkeit der Bürger. Den Grundpfeiler der Diktatur bildete vor allem der Konformismus. Konformistische Haltungen und Verhaltensweisen waren so allgemein verbreitet, dass sie bereits als Norm galten. Auch wenn sich der Durchschnittsbürger ideell nicht mit dem Kommunismus identifizierte, so nahm er doch an den allgegenwärtigen Ritualen der Unterwürfigkeit teil und sah darin auch nichts Unehrenhaftes. Aber seine Unterwürfigkeit, selbst wenn sie nur vorgetäuscht war, bildete doch den „Rückhalt der Kraft und Dauerhaftigkeit" des Regimes. [1]

Für die vielen Tausend Arbeiter, die seit dem 18. August 1980 die Danziger Werft und die mit ihr verbundenen Betriebe besetzt hatten, und kurze Zeit später für die 700.000 Teilnehmerinnen und Teilnehmer der großen Solidaritätsstreiks im ganzen Land, schließlich im September und Oktober für die Millionen Polen, die durch ihre eigene Initiative (oder einfach durch die Entscheidung zum Eintritt in die neue Gewerkschaft) die Strukturen der *Solidarność* schufen, für diese Menschen war die Losung „von Partei und Staat unabhängige Gewerkschaft" wie die Offenbarung der Freiheit, welche das Volk auf die Barrikaden treibt.

Die liberalen Pragmatiker aus der Führungsriege der Polnischen Vereinigten Arbeiterpartei (*Polska Zjednoczona Partia Robotnicza*, PZPR) hofften, dass die Gründung unabhängiger Gewerkschaften nicht den Todesstoß für das System bedeutete, sondern so etwas wie der „Brester Frieden" [2] werden würde, wie sich Mieczysław F. Rakowski in einem Gespräch mit mir Ende August 1980 wörtlich geäußert hatte. [3] Die Partei sollte ihrer Absicht zufolge verlorenes Terrain zurückgewinnen, aber nicht durch den Einsatz von massiver Gewalt, sondern durch Manipulation, mit Hilfe der bewährten „Salami-Taktik". So hatte man in den Jahren 1946–1948 die Polnische Bauernpartei (*Polskie Stronnictwo Ludowe*, PSL) und die Sozialisten der PPS *(Polska Partia Socjalistyczna)* unschädlich gemacht; und ganz ähnlich war die Parteiführung nach 1956 mit den Revisionisten vorgegangen. Warum jedoch versagte dieser reiche Erfahrungsschatz, diese meisterhafte Kunst des Gleichschaltens von allem, was sich bewegt, so vollständig gegenüber den politischen Grünschnäbeln des Unabhängigen Selbstverwalteten Gewerkschaftsbunds Solidarität *(Niezależny Samorządny Związek Zawodowy Solidarność)*? Die Antwort auf diese Frage liefert uns den Schlüssel zum Verständnis der polnischen Revolution der Jahre 1980–1981.

Bis zum Ende war die „erste" *Solidarność* als Bewegung unabhängig, ja im Grunde genommen nicht zu bändigen, was aber nicht so sehr an der Tapferkeit ihrer Anführer und der Weisheit ihrer Berater lag, sondern an der Haltung ihrer eigentlichen Schöpfer und Herren. Ich denke hier an jene, die in jeder Fabrik, Schule, Gemeinde, dort, wo sie seit Jahren lebten und arbeiteten, auf einmal wie Pilze aus dem Boden schossen, um ihre Arbeitskollegen und Nachbarn zum Streik oder zur Gründung einer Gewerkschaft anzustoßen. Es war eine Zeit, in der die polnischen Jeanne d'Arcs (egal ob männlich oder weiblich) mit einem Male nicht mehr dünn gesät waren und zu Tausenden aufblühten, um alles um sich herum, und sich selbst zuerst, zu verändern. Und man musste bei sich selbst anfangen, denn bislang hatten die Jeanne d'Arcs gelebt, gefühlt und gedacht wie eigentlich alle Menschen in der Volksrepublik: Im privaten, familiären Kreis funktionierten sie eigenständig, doch im öffentlichen Leben strebten sie nicht nach Selbstständigkeit. Im Gegenteil – sie verhielten sich konformistisch, stimmten bei den Wahlen brav für die Einheitsliste, gingen zu den Aufmärschen am Ersten Mai und winkten den Genossen auf der Tribüne zu. Oft gehörten sie dem Verband der Sozialistischen Jugend (*Związek Młodzieży Socjalistycznej*, ZMS) an, nicht selten der Partei.

Im August 1980, während der großen Streiks, und in noch größerem Maße im September, als in allen Fabriken und in jedem Winkel Polens die Strukturen der Gewerkschaft *Solidarność* entstanden, vollzog sich im Leben jener blassen und eingeschüchterten Konformisten eine beispiellose Wandlung. Der

Entschluss zum Streik oder auch der Beitritt zu jener Gewerkschaft, deren Gründung die Regierung der Volksrepublik angesichts der Streikdrohung genehmigt hatte, dieser Entschluss war für jeden Einzelnen die erste souveräne Entscheidung in seinem Leben. Darüber hinaus war sich jeder bewusst, dass er diesen Entschluss nicht nur selbstständig getroffen hatte, sondern gegen den Willen der Herrschenden. Wer nie etwas Vergleichbares erlebt hat, kann nur schwer ermessen, wie tiefgreifend dieser psychologische Umbruch war: das Haupt zu erheben, welches das ganze Leben gebeugt gewesen war. Besonders intensiv erlebten dies die Initiatoren, die andere zum Streik und zur Gründung der Gewerkschaft mobilisierten. Diese Menschen überschritten bewusst den Rubikon, legten ihre frühere Unterwürfigkeit ab und machten das Leben der Fabrikgemeinschaft, ihrer Gewerkschaft und ihres Landes zum Gegenstand ihres souveränen Handelns.

Das sind eine Geisteshaltung und ein gesellschaftlicher Mechanismus, die jedem Versuch der Bändigung widerstehen. Menschen, die ihr ganzes Leben hindurch manipuliert worden waren, schufen jetzt ihre eigene, machtvolle Organisation, und vor allem wollten sie ihre Souveränität – sowohl der neuen Organisation wie auch ihre eigene – erhalten. Sie sahen die erste *Solidarność* als ihr Werk an und weigerten sich, die Urheberrechte an diesem Werk an irgendjemanden abzutreten – nicht an Lech Wałęsa, nicht an die Landeskommission der Gewerkschaft und auch nicht an die Anführer der einzelnen Regionen. Und schon gar nicht war es denkbar, dass sie sich der führenden Rolle der Partei unterwarfen.

Die Anführer der *Solidarność* genossen die Achtung der Massen. Das hieß jedoch nicht, dass unsere ungezählten Jeanne d'Arcs bereit gewesen wären, den hochverehrten Anführern auch nur einen Bruchteil ihrer Souveränität abzutreten. Gewiss, mindestens hunderttausend Gewerkschaftsaktivisten und mit ihnen die Millionen von Arbeitern, welche die Macht der Gewerkschaft ausmachten, folgten den Anführern der *Solidarność* wie ein Mann, denn sie verstanden, worum es ging. Dies war der Fall, solange sie die Strategie der Führung akzeptierten. Wenn es aber an einer klaren Strategie mangelte, oder wenn es zu unklaren, unverständlichen und somit von der Allgemeinheit nicht akzeptierten Abmachungen zwischen den eigentlich hochverehrten Gewerkschaftsführern und den Regierenden der Volksrepublik kam, dann war der Supertanker *Solidarność* nicht mehr zu steuern. Wałęsa, die Landeskommission und die regionalen Anführer waren dann nicht mehr Herren der Lage über das, was in der Gewerkschaft und im Lande passierte. Die Abhängigkeit der Führung von der Gewerkschaftsbasis beruhte nicht auf demokratischen Prozeduren wie zum Beispiel der Möglichkeit, ein Misstrauensvotum gegen einen

Gewerkschaftsboss, der sich nicht bewährt hatte, durchzuführen, sondern darin, dass „das Ruder umschlug". Im Angesicht von unverständlichen, in den Fabriken und Regionen nicht akzeptierten Beschlüssen begann jede Jeanne d'Arc ihren eigenen Krieg mit der örtlichen Obrigkeit: dem Fabrikdirektor, der Gemeindeverwaltung, dem Wojewoden oder dem Ersten Sekretär des Wojewodschaftskomitees. So wuchs eine bedrohliche Welle von lokalen Konflikten heran, welche die Landesführung der *Solidarność* nur mit größter Mühe einzudämmen vermochte.

Man muss dabei auch bedenken, dass die „erste" *Solidarność* ihre eigene Wertehierarchie besaß. Sie wurde nicht an den Gewerkschaftshochschulen ausgefeilt, wo die oppositionellen Gelehrten lehrten, und sie wurde auch nicht von den herausragenden Intellektuellen übernommen, welche Wałęsa und die Landeskommission berieten. Man kann eher sagen, dass diese Werte für die dreißigjährigen Arbeiter, die in katholischen Familien erzogen und in Volkspolen ordentlich ausgebildet worden waren, offensichtlich waren. Die Volksrepublik Polen verkündete Gleichheit und soziale Gerechtigkeit, und sie beschrieb in den Zeitungen die Arbeiterklasse als Avantgarde der Gesellschaft. Als diese Avantgarde in Streik trat, wies sie diese Schlagworte nicht zurück, sondern forderte den Staat auf, sie einzulösen.

Ganz besonders traf dies für die Gleichheit zu. Im August 1980 stritt das Überbetriebliche Streikkomitee lange mit der Regierungselite um die Aufteilung der Lohnerhöhungen, welche die Teuerung kompensieren sollten. [4] Die Streikenden forderten, dass diese Erhöhungen zumindest in gleicher Höhe für alle oder gar umso größer ausfielen, je weniger jemand verdiente, um die Spreizung der Löhne zu verringern. Die Regierungsseite widersprach einer Vereinheitlichung der Löhne, weil dies „demotivierend" sei. Im Ergebnis wurde eine unklare, ja sogar eine in sich widersprüchliche Formulierung angenommen, in deren Folge die Umsetzung der Lohnerhöhungen zu neuen Konflikten führte. In den Breslauer Verkehrsbetrieben brodelte es, als sich herausstellte, dass die Bus- und Straßenbahnfahrer, die ohnehin am besten verdienten, auch die größten Lohnerhöhungen erhalten sollten. Gerade von den Bus- und Straßenbahnfahrern hing es ab, ob die Fahrzeuge planmäßig fuhren oder ob es zum Streik kam – und sie waren es, die mit Streik drohten. Sie waren der Ansicht, dass die Ungleichheit bei der Aufteilung der Lohnerhöhungen ungerecht sei, und sie waren bereit, entgegen ihren eigenen materiellen Interessen die Fahrzeuge stehen zu lassen, um an die zu erinnern, denen es schlechter ging: die Mechaniker in den Werkstätten und die Putzfrauen in den Depots.

Ein solcher Altruismus ist im Alltag selten vorzufinden. Man trifft auf ihn bei besonderen Anlässen, in der Stimmung eines gemeinsamen Festtages, wenn

feierliche soziale Verhaltensmuster in den Vordergrund treten. Im Alltag hal-
ten wir uns nicht unbedingt an solche Verhaltensmuster; wenn wir uns aber
in erhabenen Momenten ihnen zuwenden – und die Revolution der *Solidarność*
von 1980–1981 war eine erhabene Zeit – dann heißt dies, dass diese Verhaltensmuster aus Wertvorstellungen herrühren, die wir tief im Herzen tragen. Die
große *Solidarność* war eine Massenbewegung, in der Gleichheit und Gemeinschaft sehr hoch geschätzt wurden.

Die Verbundenheit mit der Gemeinschaft, an sich ein edler Zug, hatte aber
auch eine beunruhigende Kehrseite. In den Reihen der *Solidarność* war das Bewusstsein allgemein gegenwärtig, dass wir einem mächtigen Feind mit mono-
lithischer Struktur von Angesicht zu Angesicht gegenüberstehen. In unseren
Reihen kam es zwar zu Auseinandersetzungen, doch wenn jemand verdächtigt
wurde, die Einheit der Bewegung zu zerstören, dann wandte sich die gesamte
Gemeinschaft gegen das „schwarze Schaf".

Egalitarismus und Kollektivismus zählen nicht gerade zu den fundamentalen
Tugenden des liberalen Kapitalismus. Im Jahre 1980 konnte nur ein erbitterter
Feind von uns behaupten, dass wir den Sozialismus bekämpfen und die Wie-
derherstellung des Kapitalismus anstreben würden. Die in hoher Auflage er-
scheinende Wochenzeitung *Jedność* (Einheit), das offizielle Organ der Stettiner
Solidarność, die von Menschen aus den Werften und Fabriken redigiert wurde,
polemisierte mit solchen Vorwürfen. Als die *Trybuna Ludu (Volkstribüne)*, das
offizielle Organ des Zentralkomitees der Partei, von den antisozialistischen
Kräften schrieb, die sich in der Gewerkschaft *Solidarność* zusammengefunden
hätten, antworteten unsere Stettiner Kollegen: „Nicht wir, sondern ihr seid
eine antisozialistische Kraft, denn ihr handelt gegen die Arbeiterklasse". Dies
zeigt, dass das Wort „Sozialismus" für die Redakteure der Stettiner *Jedność*
etwas Positives bedeutete und die Bezeichnung „Gegner des Sozialismus" eine
Beleidigung darstellte. Erst der Kriegszustand und die Atmosphäre der Unter-
grundarbeit änderten die Rhetorik der *Solidarność;* in dieser Zeit wandelte sich
jedoch nicht allein die Wortwahl, sondern auch das Angesicht der Bewegung.
Die „erste" *Solidarność* war zumindest in dem Sinne sozialistisch, dass sie den
staatlichen Besitz an den Fabriken akzeptierte und vom Staat die Erfüllung der
grundlegenden gesellschaftlichen Bedürfnisse erwartete. In unseren von Ma-
trizen vervielfältigten Bulletins, die wir außerhalb der Zensur veröffentlichten,
und auf unseren Versammlungen im Jahre 1981 achtete bereits keiner mehr
auf die Wortwahl. Es wurden radikale Forderungen erhoben, fernab von jedem
Realismus, doch niemand verlangte die Reprivatisierung des Eigentums, welches nach dem Krieg den Fabrikanten, Großgrundbesitzern und Mietshausbe-
sitzern abgenommen worden war. Derartige Forderungen hatten im gedank-

lichen Horizont der damaligen *Solidarność* keinen Platz. Uns ging es um soziale Gerechtigkeit und nicht darum, auf Kosten der Gesellschaft die Verluste auszugleichen, welche die ehemaligen Besitzeliten vor 1945 erlitten hatten.

Im September 1989, als einer meiner Kollegen im Senat (der natürlich über die Liste des Bürgerkomitees *Solidarność* gewählt worden war) verkündete, dass soziale Gerechtigkeit ein Überbleibsel des Sozialismus sei, traute ich meinen eigenen Ohren nicht. Doch das war kein Versprecher. Diese Worte klangen wie der Totenschein der „ersten" *Solidarność* und kündeten vom Beginn eines Neuen Zeitalters. **[5]**

* * *

Zum größten Konflikt zwischen der Regierung der Volksrepublik und der „ersten", legalen *Solidarność* kam es im März 1981. Die Parteiführung war sich bereits bewusst, dass sie diese Revolution nicht gleichschalten konnte; gleichzeitig spürte sie den brutalen Druck Moskaus, den Kriegszustand einzuführen. Generalsekretär Stanisław Kania und Ministerpräsident Wojciech Jaruzelski entschuldigten sich mit dem Hinweis, dass die Partei noch zu schwach für eine generelle Konfrontation sei, sodass sie sich zunächst für eine lokale Demonstration der Stärke entschlossen. Am 19. März drang eine Einheit der Motorisierten Reserven der Bürgermiliz (*Zmotoryzowane Odwody Milicji Obywatelskiej*, ZOMO) in den Beratungssaal der Wojewodschaftsdelegatur des Nationalrats in Bromberg ein, um die Führung der Bromberger „Solidarität" von dort zu entfernen, welche einen Dialog der Wojewodschaftsobrigkeiten mit den Organisatoren der Bauerngewerkschaft forderten. Zwei Führungsmitglieder des Regionalvorstands der *Solidarność* und einer der Bauernaktivisten wurden im Gebäude der Wojewodschaftsdelegatur von den Männern der ZOMO-Einheit schwer durch Schläge verletzt. Daraufhin ergriff eine Welle der Entrüstung das ganze Land. Die Landeskommission der *Solidarność* kündigte für den 27. März einen landesweiten vierstündigen Warnstreik an und für den Fall, dass die Regierung unsere Forderungen nicht erfüllen würde – einen Generalstreik vom 31. März bis hin zum Erfolg. **[6]**

Am 27. März stand ohne Übertreibung ganz Polen für vier Stunden aufgrund des Streiks still. Die Fabriktore waren verbarrikadiert, bewacht von Arbeiterpatrouillen. Sie trugen keine Waffen, lediglich weiß-rote Armbinden mit der Aufschrift: „Solidarność", „Metallergewerkschaft", „Betriebskomitee der PZPR". Menschen aus der *Solidarność,* aus den alten (also vom Regime eingesetzten) Gewerkschaften und den Betriebsorganisationen der Regierungspartei kämpften Schulter an Schulter gegen die Regierung. Die oberste Führung der Volksrepublik hatte diese Machtdemonstration im Zustand völliger politischer Isolation vom Zaun gebrochen. Sie konnte nicht einmal auf ihre eigene Partei zählen, während die Solidarność den Gipfel ihrer Macht erreicht hatte.

Ich habe diese Tage in den größten Industriebetrieben Breslaus verbracht. Mit eigenen Augen habe ich die euphorische Kampfbereitschaft gesehen, die unsere Jeanne d'Arcs in den Fabriken erfasst hatte, und jene bedrückende Entschlossenheit der Arbeitermassen. Sie waren bereit, das große Risiko eines Generalstreiks einzugehen – wenn es schon unbedingt sein musste. Alle wussten, dass die polnischen Straßen voll von sowjetischen Truppen waren, die wegen des Manövers Sojuz 81 gekommen waren. Jeden Augenblick konnten sie sich zu einem Interventionscorps entwickeln, unterstützt von tschechoslowakischen und ostdeutschen Divisionen. [7]

Im Einklang mit einem zuvor gefassten Beschluss konnte der für den 31. März angekündigte Generalstreik nur durch die Landeskommission abgesagt werden; zehn Stunden vor Beginn des Ausstands jedoch verkündete Lech Wałęsa im Fernsehen, dass man in den Gesprächen mit der Regierung einen Kompromiss erzielt hätte, daher würde die Verhandlungsdelegation den Generalstreik „aussetzen". Ich sah die Wut unserer Aktivisten; sie fühlten, dass der Höhepunkt unserer Macht erreicht war, und waren der Meinung, es ginge um „jetzt oder nie". Dabei konnte niemand präzise sagen, was wir denn „jetzt oder nie" erreichen sollten. Auf der anderen Seite war es, als hörte ich mit eigenen Ohren ein vieltausendfaches Aufseufzen der Erleichterung bei den einfachen Arbeitern, die als letzte Lösung zum Streik bereit gewesen waren – „Oh, Gott sei Dank, wir müssen nicht in diesen Krieg ziehen". Die Emotionen der Arbeiteraktivisten, die ich als Jeanne d'Arcs bezeichnet habe, und der Arbeitermassen, die sie unterstützten, waren zum ersten Mal auseinandergegangen, und eine solche Diskrepanz sollte sich zusehends häufiger zeigen. Von diesem Punkt an verlor die Solidarność an Kraft. Es ist ziemlich wahrscheinlich, dass wir zu diesem Zeitpunkt eine sowjetische Invasion vermieden haben. Zugleich schlugen wir aber einen Weg ein, an dessen Ende der Kriegszustand stand, durchgesetzt mit den gemeinsamen Kräften des polnischen Militärs und der polnischen Polizei. [8]

* * *

Wie die meisten Mitglieder der Landeskommission wurde ich in der Nacht des 13. Dezember 1981 interniert, unmittelbar nach der letzten Sitzung der Landeskommission. Zehn Tage zuvor hatte die Gewerkschaftsleitung beschlossen, dass man in einem solchen Fall unverzüglich zum Generalstreik übergehen solle. Streiks als Widerstand gegen den Kriegszustand brachen jedoch nur vereinzelt aus. In Warschau wurden nur wenige Betriebe bestreikt, darunter die Fabrik für Radargeräte *RaWar*. Es war ein Rüstungsbetrieb, und er wurde daher gleich zu Beginn pazifiziert. Ein Panzer brach ein Loch in die Mauer, und durch diese Öffnung drang eine bewaffnete Einheit der ZOMO ein. Sie gelangte in die Fabrikhalle und stand den Arbeitern gegenüber, welche den Betrieb besetzt hatten. „Verlasst den Raum!", schrie der Offizier, der die Pazifikation leitete, die Streikenden an. Keine Reaktion. „Ihr geht nicht?" – Schweigen. „Ladet die Gewehre!", befahl der Befehlshaber der ZOMO seinen Untergebenen. Die Schlösser klickten. Die Arbeiter standen eine ganze Weile mit bloßen Händen und starrten in die Gewehrmündungen. Schließlich begannen sie, einer nach dem anderen, den Raum zu verlassen, ließen sich vor das Werkstor führen und ihre Personalien aufnehmen. All das hat mir ein Aktivist der dortigen Betriebskommission im Gefängnis Warschau-Białołęka erzählt, wo die Internierten untergebracht waren.

Die Reaktion der Streikenden im *RaWar*-Betrieb war die normale Reaktion unbewaffneter Leute auf bewaffnete Gewalt. Ein Mensch, der im Angesicht eines Gewehrlaufs von der hoffnungslosen Verteidigung seiner Werte absieht, geht aus dieser Situation jedoch verändert hervor. Er weiß, dass er der Gewalt unterlegen ist, und dieses Wissen ist traumatisch. Sein Widerstandsgeist wurde gebrochen, und er wird noch auf lange Zeit brüchig bleiben. Auch die anderen Dezemberstreiks in den Hochburgen der *Solidarność* endeten ähnlich wie in *RaWar*. In Breslau standen am 14. Dezember sämtliche große Betriebe still. Ein Regiment der ZOMO, unterstützt vom Militär, fuhr mehrere Tage lang von Fabrik zu Fabrik und brach mit Panzern die Tore auf. Die ZOMO-Milizen hielten den Streikenden die Pistole an den Kopf, um sie zur Unterzeichnung einer Loyalitätserklärung zu zwingen; schließlich führte man die Leute vor das Tor, und viele wurden in Untersuchungsgefängnisse abtransportiert. Am nächsten Tag jedoch, als die Arbeiter ihre Schicht begannen, nahmen die größten und am besten organisierten Betriebe erneut den Okkupationsstreik auf. Einige Fabriken wurden zwei und sogar drei Mal von der ZOMO erobert. Schließlich griff man zum Mittel der Aussperrung: Man entließ die gesamte Belegschaft und nahm daraufhin nur jene wieder zur Arbeit auf, welche die Direktion und der Sicherheitsdienst für loyal ansahen. Nach einer Woche waren die Streiks gebrochen. Die Angst um die Familie und das Bewusstsein der Niederlage untergruben den Willen zum Widerstand und desintegrierten die Stützpunkte der *Solidarność* in den Fabriken.

Ab dem Frühjahr 1982 wandelte der Widerstand sein Gesicht. Er erschien nun in Form von Straßendemonstrationen, an denen in der Regel kämpferisch gestimmte Jugendliche teilnahmen. Beachtenswert sind die unterschiedlichen Mechanismen eines Okkupationsstreiks auf der einen und einer „Straßenschlacht" auf der anderen Seite.

Bei einem Streik ist das kollektive Subjekt die Belegschaft der Fabrik. Sie bildet eine im alltäglichen Umgang zusammengewachsene Gemeinschaft, die über zahlreiche Verbindungen miteinander verwoben ist. Ein Streik erfordert, dass diese Gemeinschaft wie eine geschlossene Einheit auftritt; jeder Einzelne muss aber für sich das Risiko abwägen, dem er sich und seine Familie aussetzt. Ohne allgemeine Entschlossenheit kann ein Streik nicht gelingen, weil er nicht die notwendige Unterstützung in der Belegschaft findet.

Bei einer Straßendemonstration ist das kollektive Subjekt nicht die Belegschaft, sondern die Menschenmenge. Sie setzt sich aus Individuen zusammen, die von Fall zu Fall zusammengerufen werden oder sich aus einem anderen Grund zusammenfinden – z. B. anlässlich eines Gottesdienstes. Eine Menschenmenge kann hochgradig emotionalisiert sein, besonders wenn sie gegen die Polizei kämpft, aber sie bildet kein dauerhaftes Milieu. Wenn die Demonstration beendet ist, gehen oder laufen die Leute auseinander, und nichts verbindet sie mehr.

In der ersten Woche des Kriegszustandes gab es eine beiderseitige, organische Verbindung zwischen dem Untergrund und den streikbereiten Belegschaften. Nach den dramatischen Pazifikationen in den Fabriken war diese Verbindung zerstört oder zumindest geschwächt. Die Fabrikbelegschaften erteilten den im Widerstand verharrenden Kämpfern der *Solidarność* keine aktive Unterstützung durch Streiks mehr, und die Betriebskommissionen verstreuten sich überwiegend oder beschränkten sich auf die Verbreitung von Flugblättern unter den engsten Vertrauten. In dieser Situation schwand das Gefühl der Verbindung zwischen den Untergrundaktivisten und den Arbeitern als Basis der Gewerkschaft. Jede Konspiration hat die Tendenz, sich in der eigenen Gruppe abzukapseln. Einander in die Augen schauend, mit brüderlich verschränkten Armen, wandten die Kämpfer des Untergrunds, ohne es zu wissen, ihrer eigenen Basis den Rücken zu. Während der Militärdiktatur haben wir uns mit dem Schlagwort „Die Solidarność lebt" getröstet, doch in Wirklichkeit hat die „erste" *Solidarność* den Kriegszustand nicht überlebt. Verschwunden war die Massenbewegung, die in den organisatorischen Rahmen einer Gewerkschaft eingebunden gewesen war, und an ihre Stelle trat die zahlenmäßig weitaus kleinere, kadermäßig organisierte antikommunistische Konspiration. Das Banner war immer noch dasselbe, doch hinter ihm verbargen sich ganz andere soziale Inhalte. [9]

Auch die Sprache, die unsere Seite bediente, änderte sich. Um die Gesellschaft einzuschüchtern, inszenierten die Generäle ein großes Kriegsspektakel und forcierten eine entsprechende Wortwahl. Als Reaktion darauf übernahmen auch wir diese Kriegsrhetorik. Der Gedanke, mit der Junta „wie ein Pole mit einem anderen" zu sprechen, kam uns nicht mehr in den Sinn. Zudem gab es ohnehin keine Chance für ein ernsthaftes Gespräch. Unsere Sprache bestand darin, der Gegenseite die Polonität abzusprechen. „Wir" waren nun die polnische Nation, „sie" – die Besatzer, die auf sowjetischen Befehl Krieg gegen die Nation führten. Auf unserer Seite wurden die antikommunistischen Invektiven aus der Zeit von 1939 wieder aus der Mottenkiste geholt und reaktiviert. Jetzt erschallten die Rufe „Weg mit der Kommune". Das Wort „Sozialismus" weckte nicht so große Aggression, doch es erhielt eine spöttische Färbung. Niemand dachte mehr, es sei ein schönes Motto, da es vom Regime der Betrüger vereinnahmt worden war.

Der Wandel der Sprache geht mit einem Wandel des Denkens einher und zeigt eine Umkehr der Wertehierarchie. Von der *Solidarność* im Untergrund kann man nicht mehr behaupten, sie sei egalitär, kollektivistisch und im Grunde sozialistisch gewesen. Als sie ihren Massencharakter verlor, veränderte sich auch ihre soziale Zusammensetzung. Immer noch gab es viele Arbeiter in ihren Reihen, doch die Intelligenz überwog und gab den Ton an. Intelligenz – das heißt nicht unbedingt Intellektuelle. Die Führungskader des Untergrunds waren nicht länger definiert durch die Anwesenheit und den Druck der aktiven Massen. Der Kompass der intellektuellen *Solidarność*-Autoritäten wies nun in eine andere Richtung. Im Westen, auf den die polnische Intelligenz traditionell ihren Blick richtete, waren die Zeiten von John Maynard Keynes und Willy Brandt vorbei; jetzt war die Epoche von Friedrich von Hayek, Milton Friedman, Ronald Reagan und Margaret Thatcher. Neokonservatismus und Neoliberalismus wurden von der polnischen oppositionellen Intelligenz wie eine Erleuchtung angenommen. Mit der Werteordnung der *Solidarność* als Massenbewegung hatte das nichts mehr gemein, aber es fand weiterhin unter ihrem Banner statt.

* * *

Die „erste" *Solidarność* erholte sich nie wieder von der Niederlage, die ihr die Militärdiktatur beigebracht hatte. Im Jahre 1989, als die Gewerkschaft *Solidarność* erneut das Recht zu legaler Tätigkeit erhielt, kehrten 80 Prozent der alten Mitglieder nicht in ihre Reihen zurück – und wer zurückkam, zeigte nicht mehr die alte Aktivität oder den Willen zur souveränen Entscheidung über sich selbst. Doch im Leben von Millionen Polen stellte die Revolution von 1980–1981 die einzige Erfahrung von aktiv gelebter Freiheit dar, in einer großen Gemeinschaft und im Gefühl brüderlicher Verbundenheit. So etwas vergisst man nicht. Davon erzählt man seinen Kindern. Aus dieser Erinnerung speiste sich der Mythos.

Ein Mythos ist immateriell. Man kann ihn nicht mit Panzern vernichten, erschießen oder ins Gefängnis sperren. Repressionen können dem Mythos nicht schaden – im Gegenteil, sie stärken ihn nur. In gewisser Hinsicht war der Mythos das Leben nach dem Tode für die „erste" Solidarność, gegründet auf der Überzeugung, dass diese weiterhin existiert. Dieser Mythos wirkte anders als die Massenbewegung, aus deren Andenken er sich speiste. Aber dieser Mythos besaß eine große gestalterische Kraft in der polnischen Politik.

Im Frühling und Sommer 1988 zogen zwei Streikwellen über Polen hinweg. Man forderte Lohnerhöhungen, um die Teuerung auszugleichen. Diese Streiks waren deutlich schwächer als im Jahre 1980, aber sie waren ein Zeichen dafür, dass neue soziale Spannungen herauswuchsen. [10] Die Untergrundführung der Solidarność existierte nicht mehr, die Streiks wurden nun von jungen Arbeitern organisiert, die 1980 noch zur Schule gingen oder in der Ausbildung waren. Sie verstanden aber, dass sie neben Lohnerhöhungen für ihre Belegschaften auch Forderungen stellen mussten, die ihnen überall Unterstützung sichern würden – sie verlangten daher die erneute Legalisierung der Gewerkschaft Solidarność. Es war nicht mehr die Ära Leonid Brežnevs, sondern die Zeit Michail Gorbačevs und der Perestrojka; daher suchte Jaruzelskis Equipe, die in den Streiks ein Alarmsignal erblickte, nach einer politischen Lösung. Die Geheimpolizei wusste, dass die Organisatoren des Streiks nicht aus dem Umfeld Wałęsas stammten. Die herrschenden Generäle waren darüber informiert, doch sie wandten sich trotzdem an Wałęsa: „Na, wenn Sie so mächtig sind, dann sagen Sie doch diesen Leuten, dass sie aufhören sollen zu streiken." Vielleicht war dies verdeckter Spott, doch Wałęsa rief dazu auf, die Streiks zu unterbrechen – und die Streiks hörten auf. Die Generäle mussten einsehen, dass Wałęsa und die um ihn gescharten historischen Anführer der Solidarność zwar über keine Armee mehr verfügten, wohl aber über einen Zauberstab, von dem die Ruhe im Lande abhing. Sie waren anerkannt als die rechtmäßigen Bannerträger des Mythos, also musste man mit ihnen verhandeln, um die bedrohlichen sozialen Spannungen abzubauen. Die Kraft des Mythos führte dazu, dass es zu den Gesprächen am Runden Tisch und zum Abschluss der historischen Vereinbarung, zu den pluralistischen Wahlen im Juni 1989 und in der Folge zum Entstehen der Regierung Tadeusz Mazowieckis kam. Das Post-Solidarność-Lager übernahm die Herrschaft aus den Händen der zerfallenden Diktatur der „Kommunisten in Uniform". [11]

Zusammen mit der Regierungsmacht übernahmen unsere Kollegen – überwiegend die Berater der Landeskommission aus den Jahren 1980–1981 – die Verantwortung für die von Krise und Hyperinflation gebeutelte Wirtschaft. Sie mussten etwas damit machen, doch sie wussten nicht was. Sie handelten daher im Einklang mit den Vorschlägen des Internationalen Währungsfonds (IWF). Der IWF wiederum empfahl, wie es sich für die Verkünder einer universalen Doktrin, also einer „allgemeinen Theorie von allem" schickt, ohne Rücksicht auf konstitutionelle, historische oder kulturelle Unterschiede überall dasselbe Rezept, passend sowohl für Pinochets Chile wie für Polen oder Russland nach dem Fall des Kommunismus. In Polen war es die Mannschaft von Vizepremier Leszek Balcerowicz, welche dieses Rezept im Detail ausarbeitete und in die Realität umsetzte. Diese Mannschaft zog keinerlei andere Variante der Transformation in Betracht. Im Gegenteil – sie verkündete, dass dies der einzige Weg sei, und unsere Intellektuellen und Meinungsführer glaubten ohne Vorbehalte an diese Losungen, denn so war der Geist der Zeit. [12]

Eine Schlüsselfunktion im sogenannten Balcerowicz-Plan kam zwei fiskalischen Belastungen zu, die ausschließlich den Staatsunternehmen auferlegt wurden. Die eine war die Steuer auf übernormative Gehälter, also eine drakonische Strafabgabe, wenn die Löhne um mehr als ein Fünftel des Preisanstiegs erhöht würden. Die andere Belastung wurde Dividende genannt. Sie bestand darin, dass das Anlagevermögen von Staatsunternehmen ohne Rücksicht auf ihre finanziellen Ergebnisse mit einer drastisch hohen Steuer belegt wurde. Während die Steuer auf übernormative Gehälter die Hyperinflation durch eine erhebliche Reduzierung der Reallöhne eindämmte, ruinierte die Dividende jene Staatsunternehmen, die keine hohen Gewinne erwirtschafteten. Ihr Niedergang sollte dazu beitragen, dass im Expresstempo die Wirtschaftsordnung umgestellt, also „der Aufbau des Kapitalismus" bewerkstelligt wurde.

In den 1960er-Jahren erklärten westliche Wirtschaftshistoriker ihren Studenten, der Kommunismus sei die Möglichkeit, in unterentwickelten Ländern schnell die industrielle Revolution durchzuführen, denn die Konkurrenz der modernen Wirtschaftsmächte hätte ihnen auf dem freien Markt keine Chance dazu gegeben. Tatsächlich konnten die kommunistischen Länder durch die Abschottung von der weltweiten Konkurrenz und die Einschränkung der Marktmechanismen durch die starren Regeln der zentralen Planwirtschaft und des Direktiven-Managements ein quantitativ beeindruckendes, wenn auch qualitativ und technologisch schwaches und daher nicht konkurrenzfähiges Industriepotential aufbauen. Der soziale Aufstieg sehr vieler Menschen, die aus den übervölkerten Dörfern in die Industrie, ins Schulwesen oder in geistige Berufe wechselten, stützte sich auf dieses Potential. Die plötzliche Öffnung einer solchen Wirtschaft gegenüber der Konkurrenz durch die modernsten Firmen der westlichen Welt führte zum Zusammenbruch des vom Kommunismus errichteten Industriepotentials (in Bezug auf die ehemalige DDR muss man das nicht weiter erläutern) und zum sozialen Zusammenbruch jener Milieus, deren

Stellung auf den Errungenschaften der „sozialistischen Industrialisierung" beruhten. In Polen dämpfte der niedrig gehaltene Kurs des *Złoty* (der als Mittel zur Inflationsbekämpfung gedacht war) den anfänglichen Schock der Öffnung gegenüber der ausländischen Konkurrenz, aber das Programm des blitzartigen „Aufbaus des Kapitalismus" durch den Bankrott und die von oben gelenkte Privatisierung führte zur Entindustrialisierung des Landes. Heute hat der größte Teil jener Betriebe, welche die Hochburgen der *Solidarność* darstellten, aufgehört zu existieren. Die Zahl der Arbeitsplätze ist um fast fünf Millionen geschrumpft – und zwar auf Dauer. Die offiziell registrierte Arbeitslosigkeit überschreitet die Zwei-Millionen-Grenze. Darüber hinaus sind über zwei Millionen Menschen auf der Suche nach Arbeit in den Westen ausgewandert. Ein großer Teil von denen, die irgendeinen Arbeitsplatz haben, ist auf Zeit angestellt, auf der Grundlage von sogenannten „Wegwerf-Verträgen", oder arbeitet schwarz. Das Maß der sozialen Ungleichheit zählt zu den größten in Europa. Das Milieu der Arbeiter in Großfabriken – einst die wichtigste soziale Basis der *Solidarność* – wurde überwiegend atomisiert und degradiert; heute sind diese Menschen die großen Verlierer der polnischen Transformation.

Im Dezember 1989, als im Parlament das Gesetzespaket zum Balcerowicz-Plan verabschiedet wurde, gab es im *Sejm* keine Gegenstimmen. Im Senat, der aus völlig freien Wahlen hervorgegangen war, und in dem 99 von 100 Sitzen auf Kandidaten entfielen, die vom Bürgerkomitee *Solidarność* empfohlen worden waren, brachten nur sechs den Mut auf, gegen die Steuer auf übernormative Gehälter und die Dividende zu stimmen; der Rest der Senatoren schaute uns verwundert an.

Eine Woche später stellte ich meine Kritik am Balcerowicz-Plan den Mitgliedern der *Solidarność* in den Breslauer *Hydral*-Betrieben vor. Im Jahre 1980 waren es noch 5000 gewesen; jetzt waren nur noch 500 geblieben. Alle jedoch erinnerten sich von früher an mich und nahmen meine Kritik am Wirtschaftsprogramm der Regierung mit schmerzlicher Verlegenheit auf. Wie kann das sein, schließlich gehöre ich doch zu „uns", und widerspreche unserer Regierung? Der Wille zur souveränen Entscheidung über sich selbst, seinen Betrieb und sein Land war gewichen; man vertraute das eigene Schicksal denen an, welche unseren gemeinsamen Mythos repräsentierten. Schon bald stellte sich heraus, dass *Hydral* zu den ersten Fabriken in Breslau gehörte, die geschlossen wurden. Die 6000 Mann starke, hoch qualifizierte und eingespielte Belegschaft versuchte, ihre Werkstätten durch einen Streik zu retten, doch sie scheiterten am „Großen Umbruch". [13]

Es war wohl 1994 – ich war als halboffizieller Abgesandter der Post-*Solidarność*-Linken, die sich damals in der Arbeitsunion (*Unia Pracy*, UP) zusammengefunden hatten **[14]**, in Paris, als ich mit Lionel Jospin zusammentraf. Er war zu jener Zeit der Parteichef der damals oppositionellen Sozialistischen Partei Frankreichs und hatte in seiner frühen Jugend unter den Pariser Gymnasiasten und Studenten jenen „offenen Brief an die Partei" kolportiert, mit dem wir – Jacek Kuroń und ich – uns unser erstes Jahr Gefängnis „verdient" hatten. **[15]** Nun stellte Jospin mir die Frage: „Wie konnte die *Solidarność* so etwas wie den Balcerowicz-Plan akzeptieren und umsetzen?" Ich versuchte, ihm zu erklären, dass jene *Solidarność* durch den Kriegszustand zerstört worden war und nicht mehr existiere; wenn sie immer noch am Leben wäre, hätte sie sicherlich nicht ihr Einverständnis zum Balcerowicz-Plan gegeben. Man kann somit sagen, dass General Jaruzelski den Weg für Leszek Balcerowicz bereitet hat.

Ein paar Jahre später hatten die französischen Sozialisten die Wahlen gewonnen, und Lionel Jospin stand an der Spitze der Regierung. Ich hatte keine Gelegenheit mehr, ihn zu fragen, was zu dieser Zeit den sozialistischen Premierminister eines großen europäischen Landes zwang, sich den Anforderungen der neoliberalen politischen Korrektheit zu beugen. Ich denke, dass sowohl die Fragen, welche Jospin mir gestellt hat, wie auch die Fragen, welche ich ihm gern gestellt hätte, dasselbe Problem der heutigen Welt berühren.

Der Mythos der *Solidarność* wurde mit Erfolg als politische Bemäntelung für die neoliberale Transformation benutzt, und er existiert heute nicht mehr. Er hinterließ das Syndrom enttäuschten Vertrauens, welches unsere Politik vergiftet. **[16]** Auf diesem Nährboden erwuchs eine mächtige populistische Bewegung, die in der Kirche von *Radio Maryja* und in der säkularen Politik von der Partei Recht und Gerechtigkeit (*Prawo i Sprawiedliwość*, PiS) repräsentiert wird. Polen wurde modernisiert, aber die sozialen Kosten dieser Modernisierung sind hoch. Polen erfreut sich der Freiheit, aber es ist eine Freiheit ohne Gleichheit und Brüderlichkeit. **[17]** Ohne diese beiden Teile der historischen Trias ist die Freiheit eine unsichere Gabe. Demokratie ist stark, wenn sie von den Bürgern gestützt wird. Sie kann scheitern, wenn die Zustimmung der Menschen zu den grundlegenden Regeln der Demokratie fehlt. Aus diesem Grund ist die alte Warnung von Bertolt Brecht immer noch aktuell: „Der Schoß ist fruchtbar noch, aus dem das kroch ..."[1]

---

1   Brecht, Bertolt, Der aufhaltsame Aufstieg des Arturo Ui, Frankfurt/M. 1965, 131.

Anmerkungen

Adamantios Theodor Skordos*

[1]   Der Bochumer Historikerin Agnieszka Zagańczyk-Neufeld zufolge erreichte der Konformismus im Polen der frühen 1970er-Jahre seinen
absoluten Höhepunkt. Diese Entwicklung stand wiederum im engen Zusammenhang mit der „hegemonialen Totalität", die zur selben Zeit der
„offizielle Diskurs" der PZPR erlangte. Indem man „Elemente wie Nationalismus, Religion und fortschrittlicher Reformismus" aus anderen
Diskursen übernahm und in den eigenen Diskurs eingliederte, wurden
innerhalb der „offiziellen Deutungsmuster die Lücken des politisch-ge-
sellschaftlichen Systems" erfolgreich ausgefüllt: „Da der Sozialismus/
Kommunismus nun mit dem Nationalismus, der Religion und dem fortschrittlichen Reformismus verbunden war, war er als der leere Signifi-
kant noch bis Mitte der 1970er Jahre für breite Gruppen der Gesellschaft
in gewisser Hinsicht akzeptabel, ohne dass seine Inhalte ausdiskutiert
zu werden brauchten."[1]

[2]   Im Ostblock, vor allem in der Sowjetunion, kam es immer wieder vor,
dass Parallelen zum Friedensschluss von Brest-Litowsk (1918) gezogen
wurden, wenn es darum ging, eine schwierige Situation zu beschreiben,
in der man etwas opfern musste, um das große Ganze zu retten. Ein bezeichnendes Beispiel dafür ist das häufig zitierte Gespräch zwischen
Erich Honecker und dem sowjetischen ZK-Sekretär Konstantin Rusakov,
das im Oktober 1981 in Ost-Berlin stattfand. Auf die Kritik des ostdeutschen Staatsoberhaupts, dass die von Moskau beschlossene Kürzung
der jährlichen Erdöllieferung um zehn Prozent (bzw. um zwei Millionen
Tonnen) die innere Sicherheit der DDR und den „proletarischen Inter-
nationalismus" gefährde, reagierte der Emissär von Leonid Brežnev
mit dem Hinweis, dass in der Sowjetunion in den letzten Jahren „eine

---

*   PD Dr. Adamantios Theodor Skordos, geb. 1978 in Bludenz (Österreich), Wissen-
schaftlicher Referent des Direktors des Leibniz-Instituts für Geschichte und Kultur
des östlichen Europa (GWZO).

1   Zagańczyk-Neufeld, Agnieszka: Die geglückte Revolution. Das Politische und der
Umbruch in Polen 1976–1997. Paderborn 2014, 85.

Lage wie beim Brester Frieden entstanden" sei, als Lenin den deutschen „Raubfrieden" akzeptieren und Finnland, das Baltikum, Ostpolen und die Ukraine preisgeben musste, um eine vollständige Niederlage zu verhindern.[2]

[3] Mieczysław F. Rakowski (1926–2008) war Journalist und Politiker. Nach Kriegsende studierte er in Warschau Geschichte und schloss sein Studium 1956 mit einer Promotion in Geschichte über die „SPD in der Nachkriegszeit, 1949–1954" ab. Er zählte zu den wichtigsten kommunistischen Intellektuellen. Von 1958 bis 1982 war er stellvertretender Chefredakteur, dann Chefherausgeber der einflussreichen Wochenzeitschrift *Polityka*. In den Jahren 1981–1985 hatte Rakowski die Position des stellvertretenden Premierministers inne, anschließend diente er zwischen 1985 und 1989 als stellvertretender Vorsitzender des *Sejm*, des polnischen Parlaments. Während der *Solidarność*-Erhebung übernahm Rakowski, der den Ruf des reformwilligen Liberalen genoss, die schwierige Aufgabe, zwischen der Regierung und den Gewerkschaftsvertretern zu vermitteln. Nachdem Wojciech Jaruzelski am 13. Dezember 1981 das Kriegsrecht ausgerufen hatte, unternahm er den Versuch, die internationale Isolierung Warschaus zu durchbrechen. So besuchte er in seiner Funktion als polnischer Vizepremier am 30. Dezember Bonn, wo er Gespräche mit Hans-Dietrich Genscher über mögliche Wege der Deeskalation der innerpolnischen Situation führte.

1988–1989 stieg er schließlich zum Ministerpräsidenten der Volksrepublik Polen auf. In seiner Amtszeit begannen die politischen „Gespräche am Runden Tisch". Mit Maßnahmen zu einer kontrollierten Liberalisierung der polnischen Wirtschaft versuchte er, die „alte Ordnung" zu retten. Statt des erhofften Aufschwungs trat in der ersten Hälfte des Jahres 1989 eine Beschleunigung der Inflation ein. Bei den Wahlen vom 4. Juni 1989 wurde Rakowski abgewählt, sodass er daraufhin von seinem Posten zurücktreten musste. Ihm folgte als Premier Czesław Kiszczak, der aber nur wenige Wochen im Amt blieb. Am 24. August 1989 wurde schließlich Tadeusz Mazowiecki vom Sejm zum ersten nichtkommunistischen Ministerpräsidenten Polens seit 1946 gewählt. Rakowski übernahm im Juli 1989 den Posten des Generalsekretärs der PZPR, den er bis Januar 1990 innehatte.[3]

---

2 Hertle, Hans-Hermann: Der Fall der Mauer: Die unbeabsichtigte Selbstauflösung des SED-Staates, 2. Aufl. Opladen–Wiesbaden 1999, 47 f.

3 Kunter, Katharina: Erfüllte Hoffnungen und zerbrochene Träume: Evangelische Kirchen in Deutschland im Spannungsfeld von Demokratie und Sozialismus (1980–

[4] Ende der 1970er- und Anfang der 1980er-Jahre war Polen eines der am meisten verschuldeten Länder des Ostblocks. 1979 betrug seine Schuldenquote 92 Prozent, während zum Vergleich die der DDR bei 54 Prozent und eine allgemein vertretbare Quote der Staatsverschuldung damals bei 25 Prozent lagen. Als die USA nach dem Ende des Vietnam-Krieges anhand hoher Zinssätze einen großen Teil des weltweiten Finanzkapitals an sich zogen, entstand ein Kapitalmangel, der vor allem die hoch verschuldeten Länder des Ostblocks betraf. Letztere mussten gegen einbrechende Zinssätze und den Abzug von Krediten ankämpfen. Warschau ging praktisch bankrott, und die Regierung sah sich unter der Schuldenlast gezwungen, Sparmaßnahmen zu ergreifen und die Rationierung bei wichtigen Lebensmitteln, darunter auch Fleisch, zu verordnen.

Dieser Zustand trat im Juli 1980 nicht zum ersten Mal auf. Bereits 1976 hatte Ministerpräsident Piotr Jaroszewicz versucht, mit einer Preiserhöhung die durch Westkredite belastete polnische Wirtschaft zu sanieren. Die Preise wichtiger Lebensmittel sollten um bis zu 70 Prozent erhöht werden (z. B. Zucker 100 Prozent, Fleisch 60 Prozent). Gleich nach Bekanntgabe der drastischen Preiserhöhungen folgten Hamsterkäufe, die wiederum zu Engpässen bei wichtigen Lebensmitteln führten. Die für die Regierung unerwartet heftigen Arbeiterproteste in Radom und in dem Warschauer Vorort Ursus zwangen Jaroszewicz, die Preiserhöhungsmaßnahme zurückzunehmen und sich zur Beibehaltung der bisherigen Preise zu verpflichten. Die KP-Führung lenkte vor allem deshalb ein, weil sie unbedingt eine Wiederholung der Ereignisse von 1970 verhindern wollte, als die Anwendung von staatlicher Gewalt gegen protestierende Arbeiter 40 Menschen in Danzig und Gdingen das Leben gekostet hatte.

Trotzdem wurden bei den Demonstrationen Hunderte von protestierenden Arbeitern verhaftet, während 78 Personen in einem Sondergerichtsverfahren der Prozess wegen „Rowdytums" gemacht wurde. Den meisten von ihnen wurden hohe Gefängnisstrafen von bis zu zehn Jahren auferlegt. Anlässlich dieser hohen Strafen und der erneuten Gewaltanwendung durch die Polizei bei der Auflösung der Protestdemons-

1993). Göttingen 2006, 337; Dehnert, Gunter: Entspannung gegen das Volk – Sanktionen für das Volk? Die Solidarność nach Ausrufung des Kriegsrechts und die Nachfolgekonferenz von Madrid. In: Die KSZE im Ost-West-Konflikt. Internationale Politik und gesellschaftliche Transformation 1975–1990. Hg. v. Matthias Peter und Hermann Wentker. München 2012, 249; Stokłosa, Katarzyna: Polen und die deutsche Ostpolitik 1945–1990. Göttingen 2011, 488.

trationen gründeten renommierte Oppositionelle aus den Bereichen der Politik, Kunst, Medien und Wissenschaft wie etwa Jan Józef Lipski, Jerzy Andrzejewski, Jacek Kuroń und Adam Michnik im September 1976 das Komitee zur Verteidigung der Arbeiter (*Komitet Obrony Robotników*, KOR). Kurón und Michnik waren bereits 1968 ins Visier der Staatsmacht geraten, als sie gemeinsam mit Karol Modzelewski, Antoni Zambrowski u. a. als Hauptverantwortliche für die Studentenunruhen verhaftet und zu Haftstrafen verurteilt worden waren.[4] Das KOR unterstützte die verfolgten Arbeiter finanziell und stellte ihnen einen Rechtsbeistand zur Verfügung. Nachdem das KOR die Freilassung eines Großteiles der Inhaftierten hatte erwirken können, wurde es im März 1977 in Komitee für gesellschaftliche Selbstverteidigung (*Komitet Samoobrony Społecznej*, KOR-KSS) umbenannt. Vor der Entstehung der *Solidarność* kam dieser Bewegung innerhalb der Opposition eine Schlüsselrolle zu, sodass ihre Gründung aus Sicht etlicher ostmitteleuropäischer Sozialwissenschaftler als eine Zäsur im langfristigen Konstituierungsprozess einer demokratischen Opposition in Polen und Ostmitteleuropa bewertet wird. Das KOR-KSS forderte das autonome gesellschaftliche Handeln auf der Grundlage von ethischen Handlungsprinzipien wie etwa Solidarität, Freiheit und Gerechtigkeit sowie von katholischen, säkularen und nationalen Traditionen, mit denen sich die polnischen Bürger stark identifizierten. Im Mittelpunkt seiner Tätigkeit stand der Kampf gegen die staatliche Repression. Zu diesem Zweck gründete man ein „Interventionsbüro" zur Dokumentation und Enthüllung von Rechtsverletzungen seitens der staatlichen Organe. Zunehmend handelte das KOR-KSS als eine Bürgerrechtsbewegung mit dem Ziel des Auf- und Ausbaus einer demokratischen Gegenöffentlichkeit von unten. In vielerlei Hinsicht ebnete das KOR-KSS den Weg für die *Solidarność*.[5]

Ungefähr zur selben Zeit verstärkte sich die Rolle der katholischen Kirche als alternativer kultureller, gesellschaftlicher und politischer Gegenpol zu Marxismus-Leninismus und PZPR. Vor allem nach der Ernennung des Erzbischofs von Krakau Karol Wojtyla zum Papst – als Johannes Paul II. – im

---

4   Borodziej, Włodzimierz/Kochanowski, Jerzy/Schäfer, Bernd: Grenzen der Freundschaft. Zur Kooperation der Sicherheitsorgane der DDR und der Volksrepublik Polen zwischen 1956 und 1989. Dresden 2000, 13.

5   Arndt, Agnes: Intellektuelle in der Opposition. Diskurse zur Zivilgesellschaft in der Volksrepublik Polen. Frankfurt/M. [u. a.] 2007, 45–58; Fehr, Helmut: Unabhängige Öffentlichkeit und soziale Bewegungen. Fallstudien über Bürgerbewegungen in Polen und der DDR. Wiesbaden 1996, 76–87.

Oktober 1978 entwickelte sich die Kirche mehr und mehr zu einem streit-
baren und gefährlichen Gegner des kommunistischen Parteimonopols.
Aber schon früher, im Sommer 1976, hatte die polnische Bischofskonfe-
renz anlässlich der von KP-Chef Edward Gierek geplanten Verfassungsänderung deutliche Signale als eine ernst zu nehmende Oppositionskraft
ausgesandt. Insbesondere ihr Vorsitzender, der Erzbischof von Gnesen
und Warschau Kardinal Stefan Wyszyński verurteilte mehrmals in seinen
von der Kanzel aus gehaltenen Ansprachen den Versuch der PZPR, den
Sozialismus-Kommunismus als Staatsideologie bzw. den sozialistischen
Charakter Polens in dessen Verfassung zu verankern, indem er sich gegen „jede dem Bürger vom Staat aufgezwungene Ideologie" aussprach.[6]
Die strittige Verfassungsänderung bewirkte eine Annäherung der oppositionellen Kräfte und eine Konsolidierung des oppositionellen Diskur-
ses, die sich erstmals in dem von polnischen Wissenschaftlern, Lehrern,
Künstlern, Klerikern, Rechtsanwälten und Journalisten verfassten „Me-
morandum der 59" vom 5. Dezember 1975 widerspiegelte. Darin wurde
von Jacek Kuroń, Julian Kornhauser, Jan Józef Lipski, Adam Zagajewski,
Stanisław Barańczak, Zbigniew Herbert, Leszek Kołakowski und anderen
prominenten Oppositionellen die Einbeziehung von vier Grundrechten in
die Verfassung gefordert.[7]
Die Tätigkeit von KOR-KSS, katholischer Kirche und anderer Oppositio-
neller in der zweiten Hälfte der 1970er-Jahre setzte der absoluten Deu-
tungshoheit der PZPR ein Ende. Noch kurz davor hatte der von der Partei diktierte offizielle Diskurs eine „hegemoniale Totalität" erreicht. Den
Chefideologen der PZPR war dies vor allem dadurch gelungen, dass sie
die vorherrschende marxistisch-leninistische Ideologie mit Elementen
aus anderen Diskursen und Weltanschauungen wie etwa Nationalismus,
Religion und fortschrittlichen Reformismus bereichert hatten. Diesem
hegemonialen, offiziellen Diskurs der PZPR, der „durch das Verbinden
der nationalen, marxistisch-leninistischen und der pragmatischen,
machttechnischen Legitimationskonzepte" gekennzeichnet war, fügten
die besagten Arbeiterproteste im Juni 1976 und vor allem die Mobilisie-
rung gegen die Verfassungsänderung von 1976 erste tiefe Risse zu.[8]

---

6   Fünf Küsse. In: Der Spiegel 8 (1978), 105–108.
7   Kliems, Alfrun: Der Dissens und seine Literatur. Die kulturelle Resistenz im Inland.
    In: Grundbegriffe und Autoren ostmitteleuropäischer Exilliteraturen, 1945–1989.
    Ein Beitrag zur Systematisierung und Typologisierung. Hg. v. Eva Behring, Alfrun
    Kliems und Hans-Christian Trepte. Stuttgart 2004, 222–223.
8   Zaganczyk-Neufeld, Die geglückte Revolution (wie Anm. 1), 78

Gegen Ende der 1970er-Jahre schienen der Schuldenberg der Regierung von Edward Gierek und die strukturellen Probleme der sozialistischen Wirtschaft unüberwindbar zu sein. Erneut griff man auf die Maßnahme der Preiserhöhungen zurück, wegen derer es in mehreren Städten zu Streiks kam. In der Danziger Leninwerft fand eine gut organisierte Arbeitsniederlegung statt, die von einem überbetrieblichen Komitee koordiniert wurde. Der ursprüngliche Protest gegen die Preiserhöhungen und die Entlassung einer streikenden Kranführerin entwickelten sich schnell zu einer Bewegung für mehr Meinungsfreiheit und Unabhängigkeit der Gewerkschaften. Die zunächst regional beschränkten Streiks weiteten sich binnen kurzer Zeit auf das ganze Land aus, und Intellektuelle der Opposition schlossen sich den Forderungen der protestierenden Arbeiter an. Die Regierung wollte, wie auch schon 1976, auf jeden Fall auf eine gewaltsame Lösung verzichten – vor allem in Danzig, wo es 1970 zur besagten blutigen Niederschlagung der Arbeiterproteste gekommen war, sollte eine Lösung mit friedlichen Mitteln herbeigeführt werden. Am 31. August wurden in Danzig und Stettin zwischen Regierung und Streikenden die sogenannten Gesellschaftsverträge unterzeichnet, in denen die Forderungen der letzteren weitgehend anerkannt wurden. Am 17. September gründete sich unter der Führung von Lech Wałesa die überbetriebliche und selbstverwaltete Gewerkschaft *Solidarność*, die am 24. Oktober 1980 im Warschauer Woiwodschaftsgericht offiziell registriert wurde. Schnell stieg die Mitgliederzahl der *Solidarność* auf annähernd zehn Millionen, das waren fast zwei Drittel der polnischen Arbeiterschaft. Neben der katholischen Kirche war es die wichtigste sozialpolitische Kraft.

Die Hoffnung der Regierung, dass mit dem Unterschreiben der Gesellschaftsverträge die Krise gelöst sei und die *Solidarność* als eine gewöhnliche Gewerkschaft in das System integriert werden könne, stellte sich als trügerisch dar. Stanisław Kania, der am 5. September 1980 Edward Gierek an der Parteispitze abgelöste, musste am 1. Dezember 1980 auf der 7. Plenartagung des Zentralkomitees der PZPR feststellen, dass die Aktivitäten einiger extremistischer Mitglieder und Organisationen der *Solidarność* weit über die gewerkschaftlichen Grenzen hinausgingen und einen staatsbedrohenden Charakter angenommen hatten. In Anbetracht einer aus Sicht der Regierenden wachsenden „Anarchisierung" des Landes beschloss das Politbüro Ende Januar 1981, Verteidigungsminister General Wojciech Jaruzelski zum Ministerpräsidenten zu ernennen. Dieser erklärte während der Vorstellung seines Regierungsprogramms am 12. Februar 1981 im *Sejm*, dass eine „Doppelherrschaft", d. h. eine Teilung der Macht mit der *Solidarność*, unbedingt verhindert werden müsse.

[5] Nach den Wahlen im Juni 1989 gründeten die aus dem *Solidarność*-Lager kommenden und diesem nahestehenden Abgeordneten und Senatoren den Parlamentarischen Bürgerklub (*Obywatelski Klub Parlamentarny*, OKP), dem anfänglich ungefähr 250 Mitglieder angehörten. Diese beriefen sich zwar auf das gemeinsame Erbe der *Solidarność*, waren aber politisch und ideologisch durchaus unterschiedlich geprägt. Das Spektrum reichte von Sozialisten über Linksliberale bis hin zu Nationalkonservativen. Die Existenz verschiedener Strömungen innerhalb des OKP spiegelte sich in der Herausbildung von acht verschiedenen Zirkeln wider.[9]

Karol Modzelewski war zwischen 1989 und 1991 Senator und gehörte dem OKP an. In seinem Buch „Wohin vom Kommunismus aus?" sind die Gegensätze zwischen den sehr unterschiedlichen Strömungen gut dokumentiert:

In der Sitzungsperiode 1989–1991 habe ich dem Senat der Republik Polen angehört. Das war eine lehrreiche Lektion. Von 100 Senatoren gehörten 99 dem OKP an. Einen Teil davon kannte ich aus der gemeinsamen Gewerkschaftstätigkeit, von anderen wusste ich, dass sie der Bewegung entstammten, die – wie auch immer – eine Gewerkschaft gewesen war. Es war nicht einmal ein halbes Jahr seit den Wahlen vergangen, und ich hörte von der Senatstribüne herab, der Begriff der gesellschaftlichen Gerechtigkeit sei ein Überbleibsel des Kommunismus. Der Redner entstammte zwar der Bauern-*Solidarność* und nicht der der Arbeiter, und er war ein überzeugter Liberaler, aber im Saal ertönten Bravo-Rufe. Unter denen, die applaudierten, gab es nicht wenige, die noch vor Kurzem Gewerkschafter waren. Sie bewiesen damit, dass sie allein ihrer antikommunistischen Einstellung treugeblieben waren, nicht aber ihrer gesellschaftlichen Basis.[10]

[6] Gefordert wurden u. a. die strafrechtliche Verfolgung der Gewalttäter, die Zulassung der Gewerkschaften zu den Massenmedien sowie die justizielle Rehabilitierung aller Oppositionellen seit 1976.[11]

---

9   Ebd., 310.

10 Modzelewski, Karol: Wohin vom Kommunismus aus? Polnische Erfahrungen. Berlin 1990; Originalausgabe: Dokąd od Kommunizmu?. Warszawa 1996, 13 f.

11 Polen: „Krise der letzten Chance". In: Der Spiegel 14 (1981), 134–140.

[7] Nachdem die Sicherheitsdienste den Sitzstreik von Bauernvertretern in Bromberg mit Gewalt aufgelöst und die Gewerkschafter der *Solidarność* mit einem unbefristeten Generalstreik gedroht hatten, schien aus Sicht der beiden Konfliktparteien die Situation aussichtslos. Der für Gewerkschaftsfragen zuständige Vizepremier Mieczysław Rakowski zeigte sich resigniert und war auf das Schlimmste vorbereitet: „Weder die Regierung noch die Gewerkschaften können die Lage retten. Jetzt ist es zu spät, ein Blutvergießen ist unvermeidbar." Parteichef Kania mahnte wiederum, dass „man aus einem örtlichen Zwischenfall keine Staatsaffäre machen" solle, „die in einer Katastrophe münden" könne. Wałęsa, der direkte Gesprächspartner Rakowskis sprach ebenso in dramatischen Tönen: „Wir haben große Fehler gemacht, aber die Regierung machte noch größere. Es wird nicht viele Helden geben. Einige werden sich zurückziehen, andere werden Steine auf uns werfen. Ich kann, was ich gemacht habe, vor meinem Gewissen verantworten." In dieser angespannten Situation meldete sich auch der polnische Papst Johannes Paul II. zu Wort und brachte die Hoffnung zum Ausdruck, dass „noch einmal das Gefühl der Verantwortung für das gemeinsame Wohl siegen" werde.[12]

[8] Der in allerletzter Minute abgesagte Generalstreik durch die sogenannte Warschauer Einigung, welche die Regierung und Vertreter der *Solidarność* am 30. März 1981 unterzeichneten, war innerhalb der *Solidarność* höchst umstritten. Der Kompromiss mit der Regierung spitzte den Konflikt zwischen den radikalen und den kompromissbereiten Kräften innerhalb des Gewerkschaftsbundes zu. Nicht wenige innerhalb der *Solidarność* bezweckten weiterhin die entscheidende Kraftprobe. Aber auch in der PZPR verfestigte sich trotz der Einigung zunehmend der Glaube, dass die *Solidarność* nicht um eine Verbesserung der Zustände in der Volksrepublik Polen, sondern um die Macht im Staat kämpfe und letztendlich einen Putsch gegen die Regierung beabsichtige. In einer Rede am 30. August 1981 ließ Jaruzelski durchblicken, dass seine Regierung radikalere Lösungen überlege: „Wie lange sollen wir noch unter dem Fieber leiden, das unsere Gesellschaft und Wirtschaft auffrisst? Die Volksarmee hat das staatsbürgerliche und moralische Recht zu sagen: Genug ist genug."[13] Nach dem Rücktritt Kanias vom Posten des Ersten Sekretärs Mitte Oktober 1981 übernahm Jaruzelski auch diese Position, und er stand ab diesem Zeitpunkt sowohl an der Spitze der Regierung als auch der Partei, sodass alle Fäden der Macht bei ihm zusammenliefen.

---

12   Ebd., 134 f.
13   Tage der Solidarität. Hg. v. Stiftung KARTA-Zentrum, Warschau 2005, 95.

[9]   Nach der Ausrufung des Kriegsrechts am 13. Dezember 1981 wurde die
Solidarność verboten und aufgelöst. Außerdem wurden Streiks unter-
sagt, tausende Oppositionelle, prominente Intellektuelle, in Ungnade ge-
fallene Parteigenossen verhaftet und interniert, die Grenzen geschlossen, Telefonverbindungen gekappt, Versammlungen und Presseorgane
verboten, Hochschulen geschlossen. Das Regime verhängte eine Aus-
gangssperre, während Panzer in den großen Städten auffuhren und Sol-
daten Behörden und Betriebe besetzten. Ein Militärrat der Nationalen
Rettung unter dem Vorsitz Jaruzelskis übernahm die Regierungsverant-
wortung. Das Kriegsrecht wurde erst am 31. Dezember 1982 ausgesetzt
und am 21. Juli 1983 aufgehoben.

Die Frage nach den tatsächlichen Urhebern der Verhängung des Kriegsrechts, insbesondere die Frage, ob Jaruzelski aus eigener Initiative oder
unter dem Druck der Sowjetunion gehandelt habe, beschäftigt bis heute die polnische Gesellschaft, die Geschichtsschreibung und die Justiz.
Jaruzelski hat stets behauptet, dass die Aushängung des Kriegsrechts
notwendig gewesen sei, um eine militärische Intervention der Roten
Armee zu verhindern. 2009 wurde in der polnischen Öffentlichkeit die
Frage nach der Rolle Jaruzelskis neu aufgeworfen. Der Historiker Antoni Dudek vom Institut des Nationalen Gedenkens (*Instytut Pamięci
Narodowej,* IPN) veröffentlichte in der Hauszeitschrift des IPN eine Ge-
sprächsnotiz Viktor Anoškins aus dem Jahr 1980. Dieser war zu diesem
Zeitpunkt Assistent des sowjetischen Generals Viktor Kulikov, der einer
der höchsten Befehlshaber der Roten Armee war. In der Notiz wurde
festgehalten, dass Jaruzelski selbst am 9. Dezember 1981 bei Kulikov wegen einer sowjetischen Intervention nachgefragt habe, sollten sich die
Unruhen ausweiten und die *Solidarność* die Partei angreifen. Der ehemalige polnische Staatschef bestritt die Echtheit des Dokuments und
blieb bei seiner Aussage, dass er mit der Verhängung des Kriegsrechts
Schlimmeres verhindert habe.

Gegen ihn und weitere acht Mitglieder des Militärrats der Nationalen
Rettung wurde am 31. März 2006 Anklage wegen „kommunistischer
Verbrechen" erhoben. Staatsanwälte hatten im Auftrag des für die Auf-
arbeitung kommunistischer und nationalsozialistischer Verbrechen zuständigen IPN zweieinhalb Jahre lang ermittelt und insgesamt 63 Ord-
ner mit Ermittlungsakten an das Gericht geschickt. Eine der Jaruzelski
vorgeworfenen Straftaten war laut Anklageschrift auch die Verhängung des Ausnahmezustands. Aufgrund seiner angegriffenen Gesund-

heit wurde er vom Gerichtsprozess ausgenommen. 2014 starb er in Warschau im Alter von 91 Jahren.[14]

[10] Mitte der 1980er-Jahre sah sich General Jaruzelski weiterhin mit denselben ökonomischen und sozialpolitischen Problemen konfrontiert wie in der Zeit der Auseinandersetzung mit der *Solidarność*. 1986 mussten fast alle Grundnahrungsmittel rationiert werden, während der Schwarzmarkt blühte. In der Bevölkerung herrschte aufgrund der schwierigen Lebensumstände und der anhaltenden politischen Unterdrückung große Unzufriedenheit. Den Regierenden war bewusst, dass die Volksrepublik Polen an ihre Grenzen gestoßen war. Demzufolge begann Jaruzelski mit zaghaften Systemreformen, die zunehmend mutiger wurden: Zunächst verkündete er eine Amnestie für politische Häftlinge, dann nahm er unter Vermittlung der Kirche Verhandlungen mit der Opposition auf, schließlich ließ Jaruzelski in einem Referendum das Volk über Wirtschaftsreformen abstimmen. Obwohl diese und andere Maßnahmen im ostmitteleuropäischen Kontext bahnbrechend waren, brach im Sommer 1988 eine neue Streikwelle aus, die zwar nicht so heftig war wie die von 1980, dennoch erneut sowohl die Ostseeküste als auch das Kohlerevier erreichte.

[11] Die Gespräche am Runden Tisch dauerten vom 6. Februar bis zum 5. April 1989. Daran beteiligten sich Regierungsvertreter, kirchliche Beobachter und Oppositionelle, die vom Bürgerkomitee der *Solidarność* bestimmt wurden. Im letzteren, das am 18. Dezember 1988 gegründet worden war, spielten die Lech Wałęsa nahestehenden Personen Bronisław Geremek, Jacek Kuroń und Adam Michnik eine federführende Rolle. Die Verhandlungen endeten am 5. April mit der Unterzeichnung einer 200 Seiten umfassenden Vereinbarung. Die wichtigsten Punkte betrafen die Zulassung der *Solidarność*, die Einrichtung des Präsidentenamtes und einer zweiten Parlamentskammer (des Senates), die Verabschiedung eines neuen Vereinigungsgesetzes sowie einer neuen Wahlordnung. Polen wurde im Frühsommer 1989 das erste Land im Ostblock, in dem ein nach westlichen Kriterien freier Wahlkampf stattfand.

---

14 Jaeger-Dabek, Brigitte: Wollte Jaruzelski doch den Einmarsch der Sowjetunion? In: Das Polen-Magazin v. 10.12.2009, *http://www.das-polen-magazin.de/polen-wollte-jaruzelski-doch-den-einmarsch-der-sowjetunion/* (letzter Zugriff: 17.05.2018); Urban, Thomas: Zum Tod von Wojciech Jaruzelski: Tragische Gestalt der polnischen Geschichte. In: Süddeutsche Zeitung v. 25.05.2014, *http://www.sueddeutsche.de/politik/zum-tod-von-wojciech-jaruzelski-tragische-gestalt-der-polnischen-geschichte-1.1399662* (letzter Zugriff: 17.05.2018); Jaruzelski muss wegen Kriegsrecht vor Gericht. In: Die Welt v. 17.04.2007, *http://www.welt.de/politik/article815764/Jaruzelski-muss-wegen-Kriegsrecht-vor-Gericht.html* (letzter Zugriff: 17.05.2018).

Das Wahlergebnis des 4. Juni 1989 fiel eindeutig zugunsten der Solidarność aus, die 99 Prozent der freigegebenen Mandate in beiden Kammern (Sejm und Senat) errang. Nur aufgrund eines am Runden Tisch vereinbarten Kompromisses fielen 60 Prozent der Mandate an die PZPR und ihre Koalitionspartner und weitere fünf Prozent an pro-kommunistische Katholiken. Für die KP-Führung war dieses Ergebnis ein Schock. Inner- und außerhalb des Landes war man sich bewusst, dass es das Ende des Kommunismus in Polen einleitete.

Moskau erhob keine Einwände gegen diese Entwicklung. Die Führung der UdSSR wusste, dass man nicht mehr in der Lage war, das wirtschaftlich stark angeschlagene Polen finanziell zu unterstützen, und dass ebenso wenig der Zerfallsprozess des kommunistischen Systems aufgehalten werden konnte. Demzufolge akzeptierte der Kreml den Wahlausgang als eine „interne Angelegenheit Polens". Nachdem die letzten kommunistischen Regierungen Polens von Rakowski und Kiszcak gescheitert waren, wurde am 24. August Tadeusz Mazowiecki zum Ministerpräsidenten gewählt. In der ersten postkommunistischen Regierung besetzte die ehemalige Opposition acht der insgesamt 18 Ministerien (Finanzen, Äußeres, Arbeit und Soziales, Industrie, Erziehung, Bau, Kommunalbehörden und Kultur), während die anderen zehn unter den Kommunisten, der Vereinigten Bauernpartei und der Demokratischen Partei aufgeteilt wurden.[15]

[12]   Leszek Balcerowicz gilt als Vater der polnischen Wirtschaftsreformen, die aufgrund ihrer Radikalität als „Schocktherapie" in die Geschichte eingingen. Balcerowicz ging in seinem Plan davon aus, dass die Abschaffung der staatlichen Subventionen für Lebensmittel, Treibstoff und Betriebe, die Freigabe der Preise für alle Produkte und die Schaffung eines attraktiven gesetzlichen Rahmens für ausländische Investitionen zu einem so schnellen Wachstum der polnischen Wirtschaft führen würden, dass die Dauer der schmerzhaften Anpassungsperiode sehr kurz sein würde. Seine radikale Reformpolitik ging allerdings nicht wie erhofft auf: Im Jahr 1990 setzte ein Rückgang der Produktion der polnischen Industrie um 24 Prozent ein und die Arbeitslosigkeit nahm enorm zu, während die Nachfrage aufgrund der Lohnbegrenzungen und des Verlusts vie-

---

15   Krzemiński, Adam: Ein polnischer Kraftakt. In: Die Ostmitteleuropäischen Freiheitsbewegungen 1953–1989. Opposition, Aufstände und Revolutionen im kommunistischen Machtbereich. Hg. v. Andreas H. Apelt, Robert Grünbaum und János Can Togay. Berlin 2014, 43–50; Ther, Philipp: Die neue Ordnung. Eine Geschichte des neoliberalen Europas auf dem alten Kontinent, 2. Aufl. Berlin 2014, 50 f.

ler Arbeitsplätze einbrach. Das Tempo der ab 1991 eingetretenen wirtschaftlichen Erholung war bei weitem nicht so hoch wie Balcerowicz kalkuliert hatte. Frustration und Ärger machte sich bei großen Bevölkerungsteilen breit. Die Folge war, dass die Parlamentswahlen von 1993 von den Postkommunisten der Vereinigung der Demokratischen Linken (*Sojusz Lewicy Demokratycznej,* SLD) gewonnen wurden.[16]

Trotz seiner heftigen Kritik am Balcerowicz-Plan distanzierte sich Modzelewski von solchen Stimmen, die den polnischen Finanzminister der Jahre 1989–1991 zum alleinigen Verantwortlichen für die radikale neoliberale Politik der frühen 1990er-Jahre machten. 1993 schrieb er diesbezüglich:

Die Person Leszek Balcerowiczs wird oftmals dämonisiert. Mit Sicherheit war er keine Marionette. Zwei Jahre hindurch befand sich das Steuer der staatlichen Wirtschaftspolitik in seiner Hand. Er betrieb sie seinen Überzeugungen entsprechend. Und dennoch erscheint mir der Versuch, die gesamte politische Verantwortung für die damals eingeschlagene Strategie auf ihn abzuwälzen, die klassische Suche nach einem Opferlamm zu sein. Balcerowicz war nicht an der Spitze irgendeiner politischen Kraft. Er hatte sich nicht selbst zum Vizepremier ernannt. Das war auch vom Internationalen Währungsfonds nicht gefordert worden. Die Ernennung Balcerowiczs war die souveräne Entscheidung der Equipe Tadeusz Mazowieckis. Hinter dieser Entscheidung, die den Weg ebnete, den die polnische Wirtschaft auch heute noch beschreitet, stand die Solidarność als politische Partei. Dank der Autorität, über die sie damals verfügte, sicherte sie dem Balcerowicz-Plan die nötige Rückendeckung. Keine geringe Rolle spielte dabei auch der berühmte Schirm der Gewerkschaft. Die Verantwortung für die Folgen jenes Programms und für all das, was von der unter diesem Namen auftretenden Gewerkschaft übriggeblieben ist, tragen alle politischen Erben der Solidarność.[17]

[13]   Einige Jahre nach Beginn der „Schocktherapie" sahen sich die polnischen Reformpolitiker gezwungen, von der „reinen Lehre" des Neoliberalismus abzuweichen und bei der Privatisierung großer Betriebe mit gewerkschaftlich gut organisierten Arbeitern Kompromisse einzugehen. Dies war vor allem im oberschlesischen Industrierevier und bei den Werften an der Ostseeküste der Fall. Als den neoliberalen Reformisten in Warschau klar wurde, dass insbesondere die Schiffbauindustrie nicht

---

16   Ebd., 90 f.

17   Modzelewski, Wohin vom Kommunismus aus? (wie Anm. 10), 38 f.

ohne staatliche Unterstützung ihren Betrieb aufrechterhalten konnte | 43 |
und die Schließung von Werften unvorhersehbare soziale und politische
Folgen haben würde, fing der Staat ab 1992 an, Sozialabgaben zu stunden, Steuerschulden zu erlassen und Bankkredite zu vermitteln. Man
erhoffte sich, die Werften und andere große Industriekombinate durch
staatliche Subventionen in so einen Zustand zu bringen, dass diese für
private Investoren attraktiv sein würden. Diese wirtschaftspolitische
Strategie, die aus Sicht vieler neoliberaler Dogmatiker im Widerspruch
zu einer konsequenten Reformpolitik stand, wurde noch in der Zeit Balcerowiczs als Finanzminister beschlossen und angewendet. Trotz der
Kursänderung wurden die Reformer 1993 abgewählt. Die Postkommunisten der SLD, die die Wahl gewannen, hatten sich in ihrem Programm
explizit dazu verpflichtet, die Privatisierung großer Unternehmen weit
vorsichtiger als ihre neoliberalen Vorgänger zu betreiben.[18]

[14] Am 18. Dezember 1988 war auf Initiative von Lech Wałęsa das Bürgerkomitee (*Komitet Obywatelski*, KO) als Beratungsorgan der an dem Runden
Tisch teilnehmenden *Solidarność*-Delegation gegründet worden. Wie
an anderer Stelle bereits erwähnt, gründeten nach den Wahlen im Juni
1989 die aus dem *Solidarność*-Lager kommenden und diesem nahestehenden Abgeordneten und Senatoren den Parlamentarischen Bürgerklub (*Obywatelski Klub Parlamentarny*, OKP), dem anfänglich ungefähr
250 Mitglieder angehörten. Die zwei allerwichtigsten Strömungen innerhalb der OKP waren die von Adam Michnik und Bronisław Geremek
angeführten Liberalen und die Nationalkonservativen, bei denen die
Brüder Lech und Jarosław Kaczyński, Antoni Macierewicz und Jan Ols-
zewski federführend waren. Im Laufe des Jahres 1990 kam es zur Spaltung des OKP: Aus dem liberalen Flügel ging die Demokratische Union
(*Unia Demokratyczna*, UD) hervor, die sich 1994 mit einer liberalen Partei
vereinte und daraufhin in Freiheitsunion (*Unia Wolności*, UW) umbenannt
wurde. 2005 wurde sie schließlich in die Demokratische Partei (*Partia
Demokratyczna*, PD) umgewandelt.

Die Nationalkonservativen auf der anderen Seite riefen 1990 die Zentrumsallianz (*Porozumienie Centrum*, PC) ins Leben, an deren Spitze
Jarosław Kaczyński stand. 1996 schlossen sich die PC und andere kleinere nationalkonservative Parteien in der Wahlaktion *Solidarność* (*Akcja
Wyborcza Solidarność*, AWS) zusammen, die die Wahlen von 1997 gewin-
nen konnte. Nachdem diese in der Folge programmatischer und per-

---

18   Ther, Die neue Ordnung (wie Anm. 15), 98.

sönlicher Differenzen auseinanderfiel, gründeten die Kaczyński-Brüder 2001 die Partei Recht und Gerechtigkeit (*Prawo i Sprawiedliwość*, PiS), während andere Mitglieder der AWS (Andrzej Olechowski und Maciej Płazyński) gemeinsam mit Donald Tusk von der UW die Bürgerplattform (*Platforma Obywatelska*, PO) entstehen ließen.[19]

Die Arbeitsunion (*Unia Pracy*, UP) entstand 1992 als Ausdruck der linken Kräfte der ehemaligen *Solidarność*, die gegen die Radikalität der neoliberalen Reformen waren. In dieser Frage unterschied man sich deutlich von Vertretern des liberalen Lagers wie etwa Adam Michnik, der die Meinung vertrat, dass „die breiten Massen von Wirtschaftspolitik wenig verstünden und daher rasche und nicht mehr rückgängig zu machende Reformen das beste Rezepte seien."[20]

[15]   Am 14. November 1964 wurden Karol Modzelewski und Jacek Kuroń, die zu diesem Zeitpunkt Mitglieder der PZPR und des ZMS sowie Assistenten am Historischen Institut der Warschauer Universität waren, vom polnischen Sicherheitsdienst festgenommen. Bei der Festnahme wurde ein 128 Manuskriptseiten umfassender Text beschlagnahmt, mit dem Modzelewski und Kuroń einen analytisch-programmatischen Beitrag zur Aufhebung von Missständen leisten wollten. Gedacht war der Text von Seiten der beiden Autoren als eine Diskussionsgrundlage für weitere Überlegungen innerhalb der Parteigremien. Im Mittelpunkt der kritischen Analyse stand die aus Parteifunktionären zusammengesetzte „monopolbürokratische Klasse", die sich die absolute Kontrolle über die Produktionsmittel und das gesellschaftlich erzeugte Produkt verschafft hatte. Die „Herrschaft der Monopolbürokratie" sei ein der marxistischen Theorie „im Grunde fremdes Element", das die Arbeiterklasse der Möglichkeit beraube, auf die Entscheidungen der Staatsmacht Einfluss auszuüben. Modzelewski und Kuroń verlangten die „Selbstbefreiung" der Arbeiterklasse durch die Abschaffung der politischen Polizei und der Berufsarmee, die Einführung eines Mehrparteiensystems, die ständige Kontrolle des Verwaltungsapparats, die Abschaffung der präventiven Zensur, die Gewährung völliger Pressefreiheit und die ökonomische, gesellschaftliche und politische Selbstverwaltung der Bauernschaft. Die PZPR reagierte auf die Kritik ihrer beiden Mitglieder an den

---

19   Zagańczyk-Neufeld, Die geglückte Revolution (wie Anm. 1), 310; Flis, Jarosław: Recht und Gerechtigkeit – unkoordinierter Flügelschlag. In: Polen-Analysen 117 v. 20.11.2012, *http://www.laender-analysen.de/polen/pdf/PolenAnalysen117.pdf* (letzter Zugriff: 17.05.2018).

20   Ther, Die neue Ordnung (wie Anm. 15), 93.

im Land herrschenden Verhältnissen und vor allem auf ihre Vorschläge mit ihrem Ausschluss aus der Partei ebenso wie aus der ZMS. Die gewünschte Wirkung von Untersuchungshaft und Parteiausschluss blieb allerdings aus. Modzelewski und Kuroń verschickten nun offiziell ihren analytisch-programmatischen Text an die Organisationen, denen sie bis vor Kurzem angehört hatten. Der Text war betitelt als „Offener Brief an die Mitglieder der Grundorganisation der PZPR und die Mitglieder der Hochschulorganisation des ZMS an der Warschauer Universität". Infolgedessen wurden sie am 19. März 1965 erneut verhaftet und dieses Mal auch vor Gericht gestellt. Das Warschauer Landgericht verurteilte die zwei ehemaligen PZPR- und ZMS-Mitglieder wegen der „Anfertigung und Verbreitung von Materialien, die den Interessen des polnischen Staates schaden", zu drei (Kuroń) und dreieinhalb (Modzelewski) Jahren Haft. Beide wurden aufgrund guter Führung im Sommer 1967 freigelassen.[21]

Adam Michnik zufolge existierten im kommunistischen Polen vor Modzelewski und Kuroń keine konkreten oppositionellen Verhaltensmodi. Die beiden Regimekritiker hätten im Zuge ihrer Konfrontation mit der PZPR erstmals Regeln dafür entwickelt, was im Umgang mit der Staatsmacht möglich sei und was nicht. An diesen Richtlinien hätten sich später viele andere Dissidenten orientiert. Ein weiteres Verdienst Modzelewskis sei gewesen, dass er demokratische Forderungen in Worte gekleidet habe, die dem Vokabular der kommunistischen Machthaber angepasst und für letztere verständlich gewesen seien. Dadurch sei eine sprachliche Ebene entstanden, auf der sich die Vertreter der Macht und der Opposition hätten verständigen können. Sowohl im offenen Protestbrief an Edward Gierek von 1976, den Modzelewski mitunterzeichnete, als auch in den Verhandlungen der Solidarność mit dem Regime 1980 sei dieser durch Modzelewski geprägte Sprachgebrauch zum Einsatz gekommen.[22]

---

21 Wagner, Helmut: Nachwort des Herausgebers. In: Kuroń, Jacek/Modzelewski, Karol: Monopolsozialismus. Offener Brief an die Mitglieder der Grundorganisation der Polnischen Vereinigten Arbeiterpartei und an die Mitglieder der Hochschulorganisation des Verbandes Sozialistischer Jugend an der Warschauer Universität. Übertragen aus dem Polnischen und mit einem Nachwort versehen von Helmut Wagner. Hamburg 1969, 127–135, hier 128.

22 Michnik, Adam: Od polskiej rewolucji do polskiej gościnności (refleksje nieuporządkowane na temat biografii Karola Modzelewskiego) [Von der polnischen Revolution zur polnischen Gastfreundschaft (unstrukturierte Überlegungen zum Thema einer Biographie Karol Modzelewskis)]. In: Przegląd Historyczny 102 (2011) 1, 7–43.

[16] Die schweren Zerwürfnisse zwischen früheren Weggefährten in der *Solidarność* trugen dazu bei, dass in den Augen vieler Polen ihre großen Verdienste um die Demokratie eine Verminderung erfuhren. Schon in der frühen Transformationsphase hatten heftige, öfters öffentlich ausgetragene Streitigkeiten zwischen prominenten Mitgliedern der *Solidarność* das Image der Bewegung stark beschädigt. So führte etwa die von Wałęsa angestoßene Gründung des KO am 18. Dezember 1988 als Beratungsorgan der an dem Runden Tisch teilnehmenden *Solidarność*-Delegation unter Ausschluss von Vertretern des in Opposition zum Lager Wałęsas stehenden Flügels zu heftigen Reaktionen und Protesten innerhalb der *Solidarność*. Seine Kritiker warfen Wałęsa vor, „hinter dem Rücken der Mehrheit Gespäche mit der Staatsmacht zu führen."[23]

1990 folgte dann der Konflikt zwischen Wałęsa und seinem ehemaligen Weggefährten Adam Michnik, dem prominenten Chefredakteur der einflussreichen *Gazeta Wyborza*, die bis zum Bruch mit Wałęsa als Sprachrohr und Presseorgan der *Solidarność* fungierte und dementsprechend auf ihrem Titelblatt das graphische Zeichen der Bewegung benutzte. Vorhergegangen war die Spaltung der OKP in einen linksliberalen und einen nationalkonservativen Flügel (s. dazu ausführlicher Anm. 14). Als Michnik für ein Bündnis der demokratischen Opposition mit dem reformwilligen Teil des kommunistischen Lagers eintrat, stellte sich Wałęsa auf die Seite von Jarosław Kaczyński, der der „laikalen Linken" und den „Kryptokommunisten" innerhalb der *Solidarność* und des KO den Kampf angesagt hatte. In einer im Fernsehen übertragenen Sitzung des KO beschimpfte Michnik seine „Antagonisten" als „Schweine" und machte im Präsidentenwahlkampf Stimmung gegen Wałęsa, den er als unberechenbar, unverantwortlich, reformunfähig und inkompetent bezeichnete.[24]

Es sollte nicht lange dauern, bis sich Wałęsa auch mit dem von den Brüdern Kaczyński angeführten nationalkonservativen Lager überwarf. Dessen Kritik an dem ehemaligen Anführer der *Solidarność* bezieht sich bis heute vor allem auf den Kompromiss, der in den Gesprächen des Runden Tisches zwischen der PZPR und der Opposition geschlossen wurde. Dieser sei zugunsten der Kommunisten ausgefallen mit der Folge, dass letztere zu viel Macht (insbesondere ökonomische) und Einfluss auf die Politik bewahren konnten. Er habe den Fortbestand der kommu-

---

23 Preuße, Detlev: Umbruch von Unten. Die Selbstbefreiung Mittel- und Osteuropas und das Ende der Sowjetunion. Wiesbaden 2014, 417.

24 Zagańczyk-Neufeld, Die geglückte Revolution (wie Anm. 1), 317–320.

nistischen Eliten an der Macht gesichert, die sich in der neuen Zeit als liberal-bürgerliche Demokraten präsentierten. Angesichts dessen sei das Ergebnis von 1989 ein „nationaler Verrat" gewesen, den vor allem Wałęsa zu verschulden habe. Lech Kaczyński ging während seiner Amtszeit als Staatspräsident (2005–2010) sogar so weit, seinen ehemaligen *Solidarność*-Mitstreiter und Vorgänger im Präsidentenamt als „kommunistischen Spitzel" zu beschuldigen, der bereits in den 1970er-Jahren für den Sicherheitsdienst gearbeitet habe.[25]

Im August 2010 beging die *Solidarność* ihr 30-jähriges Gründungsjubiläum. Dieses fand die Bewegung politisch tief gespalten vor. Ihr ehemaliger Anführer Lech Wałęsa blieb von den offiziellen Feierlichkeiten in Gdingen demonstrativ fern und kritisierte heftig die damalige Führung der Gewerkschaft dafür, dass sie aktive Politik betreibe, statt sich mit Gewerkschaftsthemen zu befassen. Vor allem distanzierte er sich von der Unterstützung, welche die *Solidarność* Jarosław Kaczyński bei der kurz zuvor stattgefundenen Präsidentenwahl gewährt hatte. Seine Enttäuschung über die Einmischung der Gewerkschaftsführung in das aktuelle politische Tagesgeschäft veranlasste ihn zu sagen: „Ich bedauere, dass *Solidarność* heute nicht meine Gewerkschaft ist."[26]

Als Folge dieser Zersplitterung nimmt in der polnischen Erinnerungskultur die Gründung der *Solidarność* gegenüber anderen epochalen Ereignissen der Zeitgeschichte Polens eine eher nachgeordnete Position ein. In einer Umfrage zu den erfolgreichsten Ereignissen der polnischen Geschichte („Polish successes in the last one hundred years"), die von dem federführenden Meinungsforschungsinstitut CBOS durchgeführt wurde, landete die „soziale Bewegung" der *Solidarność* mit 11 Prozent auf dem sechsten Platz hinter der Staatswerdung von 1918 (52 Prozent), dem Eintritt in die Europäische Union (39 Prozent), der Befreiung vom Kommunismus 1989 (37 Prozent), dem Aufbau des Landes nach dem Zweiten Weltkrieg (33 Prozent) und dem bewaffneten Widerstand gegen die deutsche Besatzung (25 Prozent). In derselben Umfrage wurde auch nach „Polens größten Schwächen in den letzten hundert Jahren" („Poland's greatest weakness of the last one hundred years") gefragt.

---

25 Kubik, Jan: Solidarity's afterlife: Amidst forgetting and bickering. In: The legacy of Polish solidarity. Social activism, regime collapse, and building of a new society. Hg. v. Andrzej Rychard und Gabriel Motzkin. Frankfurt/M. 2015, 188.

26 Zerstrittene Helden. In: Süddeutsche Zeitung v. 31.08.2010, http://www.sueddeutsche.de/politik/jahre-solidarno-zerstrittene-helden-1.994280 (letzter Zugriff: 17.05.2018).

Die „Verschwendung des Vermächtnisses der *Solidarność*" wurde am zweithäufigsten (25 Prozent) als Antwort hinter der Abhängigkeit von der Sowjetunion nach 1945 (45 Prozent) genannt. Während man im postkommunistischen Polen mehrere nationale Feiertage wieder einführte (11. November, 3. Mai, 15. August), sah man davon ab, einen Feiertag zur Erinnerung an die Erhebung der *Solidarność* von 1980 ins Leben zu rufen.[27]

Auch wenn der Zweite Weltkrieg und der politische Umbruch von 1989 die Erinnerungsorte mit der größten Reichweite innerhalb der heutigen polnischen Gesellschaft sind, ist die Rolle der *Solidarność*-Bewegung in der gegenwärtigen Erinnerungskultur Polens keineswegs eine geringe. Im Gegenteil: Die von der Danziger Werft ausgegangene Arbeitererhebung im Sommer 1980 wird als der Anfang des Endes der kommunistischen Herrschaft nicht nur in Polen, sondern auch in ganz Osteuropa betrachtet. So wurden etwa 2005, am 25. Jahrestag der Gründung der *Solidarność*, in ganz Polen Plakate aufgehängt, auf denen umfallende Dominosteine abgebildet waren. Die Überschrift dazu lautete „Es begann in Danzig".

Bemerkenswerterweise war es ausgerechnet die postkommunistische SLD, die direkte Nachfolgepartei der PZPR, die in der zweiten Hälfte der 2000er-Jahre einen Versuch unternahm, das Erbe der *Solidarność* für eigene tagespolitische Ziele zu instrumentalisieren. Insbesondere berief sie sich auf die 21 Forderungen, die die Werftarbeiter während des großen Danziger Streiks vom August 1980 an die kommunistischen Machthaber gestellt hatten. Die Verärgerung im Post-*Solidarność*-Lager darüber war dermaßen groß, dass man die aktuellen Differenzen beiseitelegte und sich vereint gegen diese „Provokation" zur Wehr setzte.

[28] Jüngste Aktionen zielen darauf ab, aus einer national-polnischen eine transnational-ostmitteleuropäische, mit gesamteuropäischen und globalen Bezügen ausgestattete Erinnerung zu entwickeln. Ein bezeichnendes Beispiel für diese Versuche ist die im Herbst 2012 durch die Stadt Danzig, den Unabhängigen Selbstverwalteten Gewerkschaftsbund Solidarität (*Niezależny Samorządny Związek Zawodowy Solidarność*, NSZZS), das polnische Kulturministerium und die Wojewodschaft Pommern voll-

---

27 Kubik, Solidarity's afterlife (wie Anm. 25), 189 f.

28 Rychard, Andrzey: Solidarity: its evolution and legacy. How did it happen that a populist movement introduced the market economy and democracy? In: The legacy of Polish solidarity. Social activism, regime collapse, and building of a new society. Hg. v. Andrzej Rychard und Gabriel Motzkin. Frankfurt/M. 2015, 99.

zogene Gründung des Europäischen Zentrums *Solidarność* (Europejskie Centrum Solidarności) in Danzig. Die Initiative war 1998 von Paweł Adamowicz und Jerzy Kukliński ausgegangen. Die Zielsetzungen der aus einem Museum, Archiv und einer Bibliothek bestehenden Einrichtung wurden wie folgt definiert: a) an die Botschaft der *Solidarność*-Bewegung und an die anti-kommunistische Opposition in Polen und auf der ganzen Welt zu erinnern sowie deren Erbe zu bewahren und zu verbreiten; b) die Herausbildung neuer kultureller, sozialer, gewerkschaftlicher, nationaler und europäischer Initiativen mit einer globalen Dimension zu veranlassen; c) die Errungenschaften des friedlichen Kampfes für Freiheit, Gerechtigkeit, Demokratie und Menschenrechte mit denen zu teilen, die dieser Rechte beraubt wurden; und schließlich d) an der Entstehung einer europäischen Identität und einer neuen internationalen Ordnung aktiv teilzunehmen.[29]

Im Jubiläumsjahr 2010 verlieh das Zentrum zum ersten Mal seine „Dankbarkeitsmedaille" *(Medal Wdzięczności)* an „Ausländer, die Polen in seinem Kampf für Freiheit und Demokratie unterstützt hatten und ohne deren Unterstützung der Sieg der *Solidarność* in Europa weit schwieriger gewesen wäre".[30] Unter den ersten Preisträgern befanden sich auch zehn Deutsche: Wolfgang Stock, Wolfgang Templin, Ludwig Mehlhorn, Roland Jahn, Joachim Trenkner, Reinhold Vetter, Christian Semler, Helga Hirsch, Ruth Henning, Hans Henning Hahn und Elisabeth Weber. Mittlerweile haben 678 Personen aus der ganzen Welt die Ehrenmedaille erhalten. Vorsitzender der dafür zuständigen Kommission ist Lech Wałęsa.[31]

Im benachbarten Deutschland war bereits 2009 die über die Grenzen Polens hinausgehende Bedeutung der *Solidarność* entsprechend gewürdigt worden. Zum 20. Jahrestag des Mauerfalls wurden Lech Wałęsa und der damalige Präsident des Europaparlaments als Ehrengäste am Brandenburger Tor empfangen. Wenige Monate früher hatte die Bundeskanzlerin Angela Merkel ein Denkmal enthüllt, das zur Erinnerung an die *Solidarność* und ihre Bedeutung für die Demokratisierung Ostmitteleuropas errichtet worden war. Im besagten Jubiläumsjahr 2010 würdigte die deutsche Bundesregierung die Gründung der *Solidarność* als

---

29 Europejskie Centrum Solidarności: Misja, *http://www.ecs.gda.pl/title,The_mission,pid,29.html* (letzter Zugriff: 17.05.2018).

30 Deutscher Bundestag v. 09.2010: Medaillen für deutsche Solidarność-Unterstützer, *http://www.bundestag.de/dokumente/textarchiv/2010/31076184_kw36_lammert_medaille/202466* (letzter Zugriff: 17.05.2018).

31 Europejskie (wie Anm. 29).

„großartigen Beitrag Polens zur Überwindung der Teilung Deutschlands und Polens". Die Staatsministerin im Auswärtigen Amt, Cornelia Pieper, erklärte, dass „es ohne die *Solidarność* in Polen den Fall der Berliner Mauer nicht gegeben hätte". Die polnische Gewerkschaftsbewegung habe die Bürger der DDR in ihrem Glauben bekräftigt, „dass Widerstand gegen die politische Unmündigkeit erfolgreich sein kann". Der damalige US-amerikanische Präsident Barack Obama hob in seiner Botschaft aus Anlass der 30. Wiederkehr der Gründung der *Solidarność* die weit über die polnischen Grenzen hinausgehende Wirkung der Erinnerung an dieses Ereignis und deren globale Bedeutung hervor: „Die *Solidarność*-Bewegung ist eine Quelle der Inspiration im Kampf für Freiheit für alle Bürger der Welt. [I]m Angesicht von Tyrannei und Unterdrückung wählten sie [= die Polen] Freiheit und Demokratie und dadurch veränderten sie ihr Land und den Lauf der Geschichte."[32]

[17] Dem polnischen Publizisten Adam Krzemiński zufolge „gibt es in Polen zwei völlig konträre Erzählungen über die ostmitteleuropäische Revolution des Jahres 1989". Auf der einen Seite findet man die Erzähler einer absoluten Erfolgsgeschichte, deren Version folgendermaßen aussieht: „Polen hat die beste historische Konjunktur seit 400 Jahren. Diese ist in den euroatlantischen Strukturen gut aufgehoben. Als ‚grüne Insel' eines wirtschaftlichen Erfolges im stürmischen Meer der Banken und Finanzkrise 2008 hat sich das Land endlich vom Stigma der ‚polnischen Wirtschaft' befreit. Es ist ein angesehener Spieler in der EU, Motor einer aktiven ‚östlichen Partnerschaft' und hatte 2011 die EU-Ratspräsidentschaft inne."[33]

Die absolute Gegenerzählung bekommt man im 2012 erschienenen Bestseller „Die Pathologie der Transformation" *(Patologia transformacji)* von Witold Jerzy Kieżun zu lesen. Darin beschreibt der polnische Ökonomieprofessor Polen als das Opfer einer erneuten Kolonisierung und Ausbeutung. Die „räuberische" Privatisierung habe die konkurrenzfähigsten Unternehmen des Landes an ausländische Investoren geliefert. Während große Handelsketten und Banken ihre Gewinne ins Ausland transferierten, seien die Arbeiter zum Mindestlohn beschäftigt worden. Die „Schocktherapie" von Balcerowicz habe letztendlich zum Ausver-

---

32 Zerstrittene Helden (wie Anm. 26).
33 Krzemiński, Adam: Der Epochenumbruch von 1989/90 – Veränderungen in Staat und Gesellschaft. Länderbericht Polen. In: Umbrüche und Revolutionen in Ostmitteleuropa 1989. Hg. v. Andreas H. Apelt, Robert Grünbaum und Martin Gutzeit. Berlin 2015, 90 f.

kauf Polens geführt. Die neuen Eliten der Wendezeit seien unerfahren und ahnungslos gewesen, und George Soros, Geoffrey Sachs und andere Vertreter des globalen Kapitals hätten sie ausgenutzt.[34]

Ein Grund für die völlig entgegensetzten Lesarten der polnischen Transformation scheint darin zu liegen, dass sich die beiden Lager auf verschiedene Zeitabschnitte konzentrieren: die Verfechter der Erfolgsgeschichte auf die Zeit ab dem EU-Beitritt Polens, die Neoliberalismus-Kritiker auf die ersten postkommunistischen Jahre. Fakt ist, dass das polnische Bruttoinlandsprodukt 2006 und 2007 jeweils um sechs Prozent gewachsen ist und sich das kaufkraftbereinigte Pro-Kopf-Einkommen von 1989 bis 2009 verdreifacht hat. Dementsprechend könne man laut Philip Ther „ohne Übertreibung von einem ‚polnischen Wirtschaftswunder' sprechen, das sich mit seinem deutschen Pendant in den fünfziger und sechziger Jahren vergleichen lässt."[35]

34 Ebd., 91.
35 Ther, Die neue Ordnung (wie Anm. 15), 137.

Abkürzungsverzeichnis

AWS: Akcja Wyborcza Solidarność (Wahlaktion Solidarność)

IPN: Instytut Pamięci Narodowej (Institut des Nationalen Gedenkens)

IWF: Internationaler Währungsfonds

KO: Komitet Obywatelski (Bürgerkomitee)

KOR: Komitet Obrony Robotników (Komitee zur Verteidigung der Arbeiter)

KOR-KSS: Komitet Samoobrony Spolecznej (Komitee für gesellschaftliche Selbstverteidigung)

OKP: Obywatelski Klub Parlamentarny (Parlamentarischer Bürgerklub)

PC: Porozumienie Centrum (Zentrumsallianz)

PD: Partia Demokratyczna (Demokratische Partei)

PiS: Partei Prawo i Sprawiedliwość (Recht und Gerechtigkeit)

PO: Platforma Obywatelska (Bürgerplattform)

PZPR: Polska Zjednoczona Partia Robotnicza (Polnische Vereinigte Arbeitspartei)

SED: Sozialistische Einheitspartei Deutschlands

SLD: Sojusz Lewicy Demokratycznej (Vereinigung der Demokratischen Linken)

UD: Unia Demokratyczna (Demokratische Union)

UP: Unia Pracy (Arbeitsunion)

UW: Unia Wolności (Freiheitsunion)

ZMS: Związek Młodzieży Socjalistycznej (Verband der Sozialistischen Jugend)

Literatur

Arndt, Agnes: Intellektuelle in der Opposition. Diskurse zur Zivilgesellschaft in der Volksrepublik Polen. Frankfurt/M. [u. a.] 2007.

Borodziej, Włodzimierz/Kochanowski, Jerzy/Schäfer, Bernd: Grenzen der Freundschaft. Zur Kooperation der Sicherheitsorgane der DDR und der Volksrepublik Polen zwischen 1956 und 1989. Dresden 2000.

Brecht, Bertolt, Der aufhaltsame Aufstieg des Arturo Ui, Frankfurt/M. 1965.

Dehnert, Gunter: Entspannung gegen das Volk – Sanktionen für das Volk? Die Solidarność nach Ausrufung des Kriegsrechts und die Nachfolgekonferenz von Madrid. In: Die KSZE im Ost-West-Konflikt. Internationale Politik und gesellschaftliche Transformation 1975–1990. Hg. v. Matthias Peter und Hermann Wentker. München 2012, 249–266.

Fehr, Helmut: Unabhängige Öffentlichkeit und soziale Bewegungen. Fallstudien über Bürgerbewegungen in Polen und der DDR. Wiesbaden 1996.

Friszke, Andrzej: Karol Modzelewski – na lewo od centrum [Karol Modzelewski – links vom Zentrum]. In: Rodem z Solidarności. Sylwetki twórców NSZZ ‚Solidarność'. Hg. v. Bogosław Kopka und Ryszard Żelichowski. Warszawa 1997, 197–202.

Gawlas, Sławomir: Chłopi w Polsce piastowskiej przed kolonizacją na prawie niemieckim jako problem historiograficzny [Die Bauern im piastischen Polen vor der Kolonisation zu deutschem Recht als historiographisches Problem]. In: Roczniki Historyczne LXXVIII (2012), 7–50; englische Fassung: Peasants in Piast Poland Prior to Settlement with German Law as a Historiographical Problem, in: Historical Annals LXXVIII (2012), 1–45, *http://www.ptpn.poznan.pl/Wydawnictwo/czasopisma/rocz-hist/Gawlas_S.pdf* (letzter Zugriff: 17.05.2018).

Hertle, Hans-Hermann: Der Fall der Mauer: Die unbeabsichtigte Selbstauflösung des SED-Staates, 2. Aufl. Opladen–Wiesbaden 1999.

Kerski, Basil: Solidarność, eine europäische Revolution. In: Polen. Jubiläen und Debatten. Beiträge zur Erinnerungskultur. Hg. v. Peter Oliver Loew und Christian Prunitsch. Wiesbaden 2012, 194–204.

Kieżun, Witold Jerzy: Patologia transformacji [Die Pathologie der Transformation]. Warszawa 2012.

| 56 | Kliems, Alfrun: Der Dissens und seine Literatur. Die kulturelle Resistenz im In-
land. In: Grundbegriffe und Autoren ostmitteleuropäischer Exilliteratu-
ren, 1945–1989. Ein Beitrag zur Systematisierung und Typologisierung.
Hg. v. Eva Behring, Alfrun Kliems und Hans-Christian Trepte. Stuttgart
2004, 203–284.

Krzemiński, Adam: Ein polnischer Kraftakt. In: Die Ostmitteleuropäischen Freiheitsbewegungen 1953–1989. Opposition, Aufstände und Revolutionen im
kommunistischen Machtbereich. Hg. v. Andreas H. Apelt, Robert Grünbaum und János Can Togay. Berlin 2014, 43–50.

Krzemiński, Adam: Der Epochenumbruch von 1989/90 – Veränderungen in
Staat und Gesellschaft. Länderbericht Polen. In: Umbrüche und Revolutionen in Ostmitteleuropa 1989. Hg. v. Andreas H. Apelt, Robert Grünbaum und Martin Gutzeit. Berlin 2015, 83–92.

Kubik, Jan: Solidarity's afterlife: Amidst forgetting and bickering. In: The legacy
of Polish solidarity. Social activism, regime collapse, and building of a
new society. Hg. v. Andrzej Rychard und Gebriel Motzkin. Frankfurt/M.
2015, 160–202.

Kunter, Katharina: Erfüllte Hoffnungen und zerbrochene Träume: Evangelische
Kirchen in Deutschland im Spannungsfeld von Demokratie und Sozialismus (1980–1993). Göttingen 2006.

Kuroń, Jacek/Modzelewski, Karol: Monopolsozialismus. Offener Brief an die
Mitglieder der Grundorganisation der Polnischen Vereinigten Arbeiter-
partei und an die Mitglieder der Hochschulorganisation des Verbandes
Sozialistischer Jugend an der Warschauer Universität. Übertragen aus
dem Polnischen und mit einem Nachwort versehen von Helmut Wagner.
Hamburg 1969.

Lipski, Jan Józef: Komitet Obrony Robotników KOR – komitet samoobrony
społecznej [Das Komitee zur Verteidigung der Arbeiter KOR – ein Komitee der gesellschaftlichen Selbstverteidigung]. London 1983.

Lübke, Christian: Arbeit und Wirtschaft im östlichen Mitteleuropa. Die Spezialisierung menschlicher Tätigkeit im Spiegel der hochmittelalterlichen
Toponymie in den Herrschaftsgebieten von Plasten, Přemysliden und
Árpáden (Glossar zur frühmittelalterlichen Geschichte im östlichen Europa, Beiheft 7). Stuttgart 1991.

Lübke, Christian: Die Toponymie als Zeugnis historischer Strukturen in Herrschaft, Siedlung und Wirtschaft. Tätigkeitsbezeichnete Ortsnamen und
das Modell der Dienstorganisation. In: Zentrum und Peripherie in der
Germania Slavica. Beiträge zu Ehren von Winfried Schich. Hg. v. Doris
Bulach und Matthias Hardt. Stuttgart 2009, 203–213.

Michnik, Adam: Od polskiej rewolucji do polskiej gościnności (refleksje | 57 | nieuporządkowane na temat biografii Karola Modzelewskiego) [Von der polnischen Revolution zur polnischen Gastfreundschaft (unstrukturierte Überlegungen zum Thema einer Biographie Karol Modzelewskis)]. In: Przegląd Historyczny 102 (2011) 1, 7–43.

Modzelewski, Karol: La division autarchique du travail à l'échelle d'un État: l'organisation „ministériale" en Pologne médiévale. In: Annales. Économies, Sociétés, Civilisations 19/6 (1964), 1125–1138.

Modzelewski, Karol: The System of the Ius Ducale and the Idea of Feudalism (Comments on the Earliest Class Society in Medieval Poland). In: Quaestiones Medii Aevi 1 (1977), 71–99.

Modzelewski, Karol: Le système des villages des „ministeriales" dans l'organisation économique de l'État polonaise aux Xe–XIIIe siècles. In: Fasciculi Historici 9 (1977), 21–28.

Modzelewski, Karol: Między prawem książęcym a władztwem gruntowym [Zwischen Fürstenrecht und Grundherrschaft]. In: Przegląd Historyczny 71 (1980), 209–234, 449–480.

Modzelewski, Karol: Jurysdykcja kasztelańska i pobór danin prawa książęcego w świetle dokumentów XIII w. [Die Kastellaneigerichtsbarkeit und die Abgabenerhebung des Fürstenrechts im Licht der Urkunden des 13. Jh.]. In: Kwartalnik Historyczny 87 (1980), 149–173.

Modzelewski, Karol: Spór o gospodarcze funkcje organizacji grodowej. Najstarsze źródła i metody [Der Streit über die wirtschaftliche Funktion der Burgorganisation. Zu den ältesten Quellen und Methoden]. In: Kwartalnik Historii Kultury Materialniej 28 (1980), 87–101.

Modzelewski, Karol: Organizacja grodowa u progu epoki lokacji [Die Burgorganisation an der Schwelle zur Lokation]. In: Kwartalnik Historii Kultury Materialniej 28 (1980), 329–340.

Modzelewski, Karol: Le système di „ius ducale" en Pologne et le concept de féodalisme. In: Annales Économies Sociétés Civilisations 37 (1982), 164–185.

Modzelewski, Karol: L'organizzazione dello stato polacco nei secoli X–XIII. La società e le strutture del potere. In: Settimane di studio del Centro Italiano di Studi sull'Alto Medioevo 30 (1983), 557–596.

Modzelewski, Karol: Chłopi w monarchii wczesnopiastoskiej [Die Bauern in der frühpiastischen Monarchie]. Wrocław 1987.

Modzelewski, Karol: Wohin vom Kommunismus aus? Polnische Erfahrungen. Berlin 1990; Originalausgabe: Dokąd od Kommunizmu?. Warszawa 1996.

Modzelewski, Karol: Barbarzyńska Europa [Das barbarische Europa]. Warszawa 2004; deutsch: Das barbarische Europa. Zur sozialen Ordnung von Germanen und Slawen im frühen Mittelalter. Aus dem Polnischen von Heidemarie Petersen. Mit einer Einführung von Eduard Mühle, Osnabrück 2011; englische Fassung: Barbarian Europe. Hg. v. Elena Rozbicka. Frankfurt/M. 2015.

Mühle, Eduard: Der Mediävist und politische Zeitgenosse Karol Modzelewski. In: Modzelewski, Karol: Das barbarische Europa. Zur sozialen Ordnung von Germanen und Slawen im frühen Mittelalter. Aus dem Polnischen von Heidemarie Petersen. Mit einer Einführung von Eduard Mühle. Osnabrück 2011, 7–24.

O. V., Tage der Solidarität. Hg. v. Stiftung KARTA-Zentrum, Warschau 2005.

Preuße, Detlev: Umbruch von Unten. Die Selbstbefreiung Mittel- und Osteuropas und das Ende der Sowjetunion. Wiesbaden 2014.

Ruchniewicz, Krzystof: Denkmäler und Erinnerungsorte der Demokratie in Polen nach 1989/90. In: Die Ostmitteleuropäischen Freiheitsbewegungen 1953–1989. Opposition, Aufstände und Revolutionen im kommunistischen Machtbereich. Hg. v. Andreas H. Apelt, Robert Grünbaum und János Can Togay. Berlin 2014, 117–128.

Rychard, Andrzey: Solidarity: its evolution and legacy. How did it happen that a populist movement introduced the market economy and democracy? In: The legacy of Polish solidarity. Social activism, regime collapse, and building of a new society. Hg. v. Andrzej Rychard und Gabriel Motzkin. Frankfurt/M. 2015, 97–113.

Stokłosa, Katarzyna: Polen und die deutsche Ostpolitik 1945–1990. Göttingen 2011.

Ther, Philipp: Die neue Ordnung. Eine Geschichte des neoliberalen Europas auf dem alten Kontinent, 2. Aufl.. Berlin 2014.

Wagner, Helmut: Nachwort des Herausgebers. In: Kuroń, Jacek/Modzelewski, Karol: Monopolsozialismus. Offener Brief an die Mitglieder der Grundorganisation der Polnischen Vereinigten Arbeiterpartei und an die Mitglieder der Hochschulorganisation des Verbandes Sozialistischer Jugend an der Warschauer Universität. Hamburg 1969, 127–135.

Zagańczyk-Neufeld, Agnieszka: Die geglückte Revolution. Das Politische und der Umbruch in Polen 1976–1997. Paderborn 2014.

Ziółkowski, Marek: Fulfilled promises and unexpected results: Solidarity's double-edged legacy. How a social movement fighting for democracy helped to build liberal market capitalism. In: The legacy of Polish solidarity. Social activism, regime collapse, and building of a new society. Hg. v. Andrzej Rychard und Gabriel Motzkin. Frankfurt/M. 2015, 115–133.

Zeitungsartikel

Fünf Küsse. In: Der Spiegel 8 (1978), 105–108.

Polen: „Krise der letzten Chance". In: Der Spiegel 14 (1981), 134–140.

Internetquellen

Blumsztajn, Seweryn: Nike 2014 dla Karola Modzelewskiego!, wyborcza.pl., 05.10.2014, http://wyborcza.pl/1,75410,16755373,Nike_2014_dla_Karola_Modzelewskiego_.html (letzter Zugriff: 28.05.2018)

Deutscher Bundestag v. 03.09.2010: Medaillen für deutsche Solidarność-Unterstützer, *http://www.bundestag.de/dokumente/textarchiv/2010/31076184_kw36_lammert_medaille/202466* (letzter Zugriff: 17.05.2018).

Europejskie Centrum Solidarności: Misja, *http://www.ecs.gda.pl/title,The_mission,pid,29.html* (letzter Zugriff: 17.05.2018).

Flis, Jarosław: Recht und Gerechtigkeit – unkoordinierter Flügelschlag. In: Polen-Analysen 117 v. 20.11.2012, *http://www.laender-analysen.de/polen/pdf/PolenAnalysen117.pdf* (letzter Zugriff: 17.05.2018).

Jaeger-Dabek, Brigitte: Wollte Jaruzelski doch den Einmarsch der Sowjetunion? In: Das Polen-Magazin v. 10.12.2009, *http://www.das-polen-magazin.de/polen-wollte-jaruzelski-doch-den-einmarsch-der-sowjetunion/* (letzter Zugriff: 17.05.2018).

Jaruzelski muss wegen Kriegsrecht vor Gericht. In: Die Welt v. 17.04.2007, *http://www.welt.de/politik/article815764/Jaruzelski-muss-wegen-Kriegsrecht-vor-Gericht.html* (letzter Zugriff: 17.05.2018).

Krach, Adelheid: Rezension zu: Karol Modzelewski: Das barabarische Europa: zur sozialen Ordnung von Germanen und Slawen im frühen Mittelalter. Osnabrück 2011. In: Zeitschrift für bayerische Landesgeschichte, http://www.kbl.badw-muenchen.de/zblg-online/rezension_2207.pdf (letzter Zugriff: 17.05.2018)

Mühle, Eduard: Gab es das „Dienstsystem" im mittelalterlichen Polen – oder war das das *ius ducale?*, http://www.perspectivia.net/publikationen/lelewel-gespraeche/4-2011/muehle_einfuehrung (letzter Zugriff: 17.05.2018)

Zerstrittene Helden. In: Süddeutsche Zeitung v. 31.08.2010, *http://www.sueddeutsche.de/politik/jahre-solidarno-zerstrittene-helden-1.994280* (letzter Zugriff: 17.05.2018).

Urban, Thomas: Zum Tod von Wojciech Jaruzelski: Tragische Gestalt der polnischen Geschichte. In: Süddeutsche Zeitung v. 25.05.2014, *http://www.sueddeutsche.de/politik/zum-tod-von-wojciech-jaruzelski-tragische-gestalt-der-polnischen-geschichte-1.1399662* (letzter Zugriff: 17.05.2018).

Stele „21 Forderungen" in Danzig zur Erinnerung an die „Augustabkommen" vom Sommer 1980 zwischen den Streikkomitees und der Regierung der Volksrepublik Polen. Quelle: Wikipedia (*https:// commons.wikimedia.org/wiki/File%3ASolidarnosc_21_Forderungen.jpg*), gemeinfrei (letzter Zugriff: 17.05.2018).